SERENDIPITY
Lebendige Kleingruppen

Was Gruppenleiter wissen müssen

Serendipity – „Die Gabe,
zufällig glückliche Entdeckungen zu machen."
HORACE WALPOLE

Steve Sheely

Deutsche Bearbeitung:
Andreas Pfeifer und Roland Gyger

BRUNNEN
VERLAG GIESSEN · BASEL

Titel der amerikanischen Originalausgabe:
Leader's Handbook for Small Groups
Serendipity Small Group Resources

Übersetzung aus dem Amerikanischen:
Lilli Schmidt

3. Auflage 1997

Umschlagmotiv und Cartoons: Robert Shull
Umschlaggestaltung: Ralf Simon
Satz: DTP-Satz, Eva Joneleit
Herstellung: Kieser, Neusäss
ISBN 3-7655-0701-6

Herzlich willkommen!

- Herzlich willkommen zu diesem Kurs, in dem Sie sich mit Grundlagen der Gruppenleitung beschäftigen werden! Vielleicht sind Sie hochmotiviert und voller Vorfreude darauf, in die Kleingruppenarbeit einzusteigen. Vielleicht haben Sie Bedenken, ob Sie sich tatsächlich auf dieses Unternehmen einlassen sollen. Ob die Arbeit mit Kleingruppen Ihre Sache ist oder sein kann, kann nur die Praxis zeigen. Machen Sie also ruhig einen Versuch – viele Bedenken erweisen sich als überflüssig, wenn man erst einmal ein wenig Praxisluft geschnuppert hat.

- Damit eine Kleingruppe für Leiter und Teilnehmer zu einer gewinnbringenden Erfahrung wird, bedarf es einiger Vorbereitung. „Was Gruppenleiter wissen müssen" enthält das wichtigste Handwerkszeug für den Start als Leiter bzw. Leiterin einer Kleingruppe. Wenn Sie die sechs Kapitel dieses Kurses durchgearbeitet haben, stehen Ihnen die wesentlichen Bausteine zur Verfügung, um die Gesprächsleitung in einer Kleingruppe in die Hand zu nehmen. Sie werden lernen, welche Entwicklungsphasen eine Gruppe durchläuft, welche Schwierigkeiten dabei auftauchen und wie Sie mit schwierigen Situationen umgehen können – und haben dadurch hoffentlich auch ein wenig Vorfreude auf diese Arbeit gewonnen.

SERENDIPITY:
Die Gabe,
zufällig glückliche
Entdeckungen zu machen.
Horace Walpole

- Dieses Kursheft wurde parallel zu dem Buch: SERENDIPITY-*Kleingruppen in der Gemeinde. Grundlagen – Programme – Praxis* erarbeitet. Darin werden die Chancen und Möglichkeiten von Kleingruppen für eine lebendige Gemeindearbeit entfaltet. Pfarrer, Gemeindeleiter und verantwortliche Mitarbeiter finden dort eine methodische Anleitung, wie sie eine Kleingruppenarbeit aufbauen können. Grundkonzept und Gruppenleiterkurs sind darauf ausgerichtet, den speziellen Bedürfnissen Ihrer jeweiligen Gemeinde Rechnung zu tragen.

- Christliche Gemeinden wollen Orte sein, an denen Menschen zusammenkommen, Gemeinschaft erleben und offen über ihr Leben und ihren Glauben, ihre Sorgen und ihre Träume reden. Dazu möchte der *Arbeitskreis Serendipity* mit der Herausgabe von Materialien für Kleingruppen einen Beitrag leisten. Wir wünschen uns, daß aus diesen Gesprächshilfen viele kleine Zellen entstehen, in denen Menschen Geborgenheit erfahren und im Glauben an Christus mit sich selbst, ihren Mitmenschen und mit Gott versöhnt und innerlich heil werden können.

Inhalt

LEKTION 1

Darum geht es in dieser Lektion:

- ***Warum überhaupt Kleingruppen?***
- ***Welches Ziel verfolgt Ihre Gemeinde?***
- ***Was ist überhaupt eine Kleingruppe?***
- ***Welchen Traum haben Sie für Kleingruppen in Ihrer Gemeinde?***

Warum überhaupt Kleingruppen?

Der Aufbau einer Kleingruppenarbeit erfordert gründliche Vorbereitung und eine Menge Einsatz. Aber der Einsatz lohnt sich! Beginnen wir mit einem Blick zurück und einem Blick voraus: zurück auf Ihre eigene bisherige Gruppenerfahrung – und voraus, auf die Pläne und Vorstellungen, die Sie mit einem Kleingruppenangebot Ihrer Gemeinde verbinden. Beantworten Sie dazu die folgenden Fragen zunächst für sich persönlich – und sprechen Sie anschließend miteinander über Ihre Erfahrungen und Erwartungen.

1. *Haben Sie selbst schon einmal an einer Kleingruppe teilgenommen? Was für eine Art von Gruppe war dies? Wie gestaltete sich dort der Ablauf?*

2. *Welche Erfahrungen haben Sie mit anderen Gruppenmitgliedern gemacht?*
Machten sie einen freundlichen Eindruck? Oder wirkten sie eher bedrohlich? Wirkten sie echt?
Würden Sie mit solchen Leuten gern wieder in einer Kleingruppe zusammen sein?

3. *Hat die Teilnahme an einer solchen Gruppe Ihr Leben verändert oder beeinflußt? In welcher Weise?*

4. *Können Kleingruppen mehr „Lebensqualität" in Ihre Gemeinde hineintragen? Wie können sie das tun?*

5. *Welche Anfragen oder Vorbehalte haben Sie gegenüber Kleingruppen?*

Welches Ziel verfolgt Ihre Gemeinde?

Jede Kirche und jede Gemeinde hat einen besonderen Auftrag, ein Aufgabenfeld oder einen Aspekt des geistlichen Lebens, der in besonderer Weise „ihre Sache" ist. Tragen Sie die besonderen Ziele und Aufgabenfelder Ihrer Gemeinde in dem Kasten unten ein:

Meine Gemeinde legt besonderes Gewicht auf :

Wir setzen uns vor allem ein für:

Unsere besonderen Aufgabenfelder sind:

Wie können Kleingruppen dazu beitragen, die besonderen Aufgaben in Ihrer Gemeinde besser wahrzunehmen?

Was ist überhaupt eine Kleingruppe?

Zunächst einmal einfach eine begrenzte Anzahl von Menschen. Versuchen Sie zu definieren, was eine Kleingruppe in Ihrer Gemeinde ausmacht. Beschreiben Sie irgendeine beliebige Kleingruppe, die es in Ihrer Gemeinde gibt. Notieren Sie hier Ihre Definition:

Eine mögliche Definition ist die von Roberta Hestenes:

> „Eine christliche Kleingruppe ist eine bewußt eingerichtete, persönliche Gemeinschaft von 3 bis 12 Menschen, die sich regelmäßig trifft mit dem gemeinsamen Ziel, die Möglichkeiten eines erfüllten Lebens im Glauben an Christus zu entdecken und darin zu wachsen."

1. *Entspricht diese Gruppe den Vorstellungen, die Sie selbst von einer guten Kleingruppe haben? Warum? Warum nicht?*

2. *Wenn Sie schon einmal an einer Kleingruppe teilgenommen haben – gibt es Gemeinsamkeiten und Unterschiede zu derjenigen, die Sie eben beschrieben haben? Welche?*

Gemeinsamkeiten :

Unterschiede:

Welchen Traum haben Sie für Kleingruppen in Ihrer Gemeinde?

Die „Vision" einer bewußt gestalteten Kleingruppenarbeit, die wir im folgenden vorstellen, ist aus langjährigen Erfahrungen vieler Mitarbeiter im Bereich der Gemeindeaufbauarbeit erwachsen. Der hier beschriebene Ansatz kann (und muß!) auf die konkrete Situation zugeschnitten werden. Eine effektive Kleingruppenarbeit lebt von der größeren Perspektive, in die die einzelnen Gruppen eingebettet sind. Machen Sie sich deshalb ein möglichst klares Bild von Ihrer Zielsetzung: Was wollen Sie für Ihre Gemeindesituation erreichen? Je konkreter Ihr „Traum" ist, um so besser wird er sich in die Wirklichkeit umsetzen lassen.

Skizzieren Sie die einzelnen Punkte Ihres Traumes: Welche Art von Kleingruppe wollen Sie aufbauen?

Die vielen denkbaren Einzelgruppen lassen sich bestimmten „Gruppen-Typen" zuordnen:

1. Beziehungsorientierte Gruppen

Im Vordergrund stehen Beziehungen. Die Teilnehmer suchen vor allem Gemeinschaft, persönlichen Kontakt und Zugehörigkeit. Die Gruppenzusammengehörigkeit hat Vorrang vor einem bestimmten „Programm". Beziehungsorientierte Gruppen können sein:

✓ **Kennenlerngruppen,** z.B. für Neu-Zugezogene, für neue Gemeindeglieder, Senioren, Singles etc.

✓ **Gemeinsame Freizeitgestaltung**, z.B. sportliche Aktivitäten, „Klön-Abend", Theaterbesuch etc.

2. Bedürfnisorientierte Gruppen

Im Vordergrund stehen gemeinsame Interessen oder Bedürfnisse. Man kommt zusammen, um sich über gemeinsame Fragen zu einzelnen Lebensbereichen auszutauschen, um sich in Schwierigkeiten zu unterstützen, zu ermutigen und zu beraten. Oft verbindet die Teilnehmer ein gemeinsames Problem oder eine ähnliche Lebenssituation. Zu den bedürfnisorientierten Gruppen gehören:

- ✓ **Gesprächsgruppen zu Lebensthemen:** Mögliche Themen sind z.B. Erziehung, Älterwerden, Partnerschaft, Frau im Beruf, Streßbewältigung, Vater sein usw.

- ✓ **Lebenshilfegruppen:** Lebenshilfegruppen sind intensiver als thematische Gesprächsgruppen, dürfen aber nicht verwechselt werden mit therapeutischen Gruppen unter fachlicher Leitung. Sie sind ein Angebot an Menschen, die in einem bestimmten Problem Unterstützung suchen, und können von Menschen geleitet werden, die selbst das jeweilige Problem durchlebt und bewältigt haben.
  Themenfelder von Lebneshilfegruppen sind z.B. Bewältigung von Trauer und Verlust, Leben nach der Scheidung/Trennung, Angehörige pflegen, Anonyme Alkoholiker/Suchtprobleme, Arbeitslosigkeit, Einsamkeit überwinden usw.

3. Glaubensorientierte Gruppen

Das Hauptinteresse liegt auf einer inhaltlichen Auseinandersetzung mit dem christlichen Glauben, Bibelstudium oder auf einer Vertiefung der eigenen Glaubenserfahrung und -praxis. In stärker themenbezogenen Gruppen sind Beziehungen eher untergeordnet. In verbindlichen Glaubensgruppen haben Beziehungen und das Zusammenwachsen der Gruppe größere Bedeutung. Glaubensorientierte Gruppen sind etwa:

- ✓ **Biblisch-theologische Gruppen**: Bibelstudiengruppe, theologische Studiengruppe, Predigtvor-/nachbereitungsgruppe etc.

- ✓ **Thematische Gesprächsgruppen:** Fragen christlicher Lebensgestaltung, aktuelle Fragen aus christlicher Sicht, z.B. Begegnung mit Menschen anderer Religion, Wertorientierung in unserer Gesellschaft, glaubwürdiger Lebensstil etc.

- ✓ **Verbindliche Glaubens- oder Jüngerschaftsgruppen:** In solchen Gruppen geht es darum, die eigene Berufung zur Nachfolge Jesu zu entdecken und ihr in den konkreten Lebensentscheidungen zu folgen. Die Gruppe bildet eine enge Gemeinschaft, in der man gemeinsam nach dem Willen Gottes für das Leben der einzelnen Teilnehmer fragt, und den eigenen Weg überprüft und gegebenenfalls korrigiert. Persönliche Beziehungen sind unbedingt nötig, damit das notwendige Vertrauen entstehen kann.

- ✓ **Gebetsgruppen**

4. Aufgabenorienierte Gruppen

In diesen Gruppen treffen sich Menschen, die für bestimmte Bereiche der Gemeindearbeit verantwortlich sind oder dort mitarbeiten. Vorrangiges Interesse dieser Gruppen ist eine fruchtbare Zusammenarbeit. Beziehungen haben demgegenüber untergeordnete Bedeutung – es sei denn, es gibt Probleme. Zu diesem Gruppen-Typ gehören etwa:

✓ **Mitarbeitergruppen für verschiedene Bereiche der Gemeindearbeit:** Kindergottesdienst, Gottesdienstvorbereitung, Jungschar- und Jugendarbeit etc.

✓ **Gruppen mit diakonischen Aufgaben:** Besuchsdienst, Betreuung älterer Menschen, Hausaufgabenhilfe für ausländische Kinder, Obdachlosen-Kleiderstelle etc.

✓ **Verschiedene andere Einsatzbereiche:** Missionarische Einsätze, Christen in der Politik, Christen in der Wirtschaft etc.

1. *Welche Gruppen stellen Sie sich für Ihre Gemeinde vor? Welche können und wollen Sie anbieten?*

2. *Welche Art von Gruppe würden Sie gern leiten?*

3. *Welchen Gewinn erhoffen Sie sich von Kleingruppen für Ihre Gemeinde?*

- ❑ Sie fördern die Gemeinschaft zwischen einzelnen und verschiedenen Gemeindegruppen.
- ❑ Sie bieten einen Raum für offene Gespräche.
- ❑ Hier können Menschen zum Glauben finden.
- ❑ Sie sind der Ort, an dem sich Menschen konkret umeinander kümmern können.
- ❑ Hier können Menschen eine Vertiefung ihres Glaubens erfahren.
- ❑ Mitarbeiter brauchen die Einbindung in eine Gemeinschaft.
- ❑ Sie ermöglichen die Erfahrung, gemeinsam im Glauben unterwegs zu sein.
- ❑ Hier erfahren Menschen Hilfe bei der Bewältigung ihrer „Lebensherausforderungen".
- ❑ Sie bieten einen Rahmen, in dem besondere Gaben und Fähigkeiten entdeckt und entfaltet werden können.
- ❑ ______________________________

4. *Welche Bedürfnisse sollen Kleingruppen in Ihrer Gemeinde erfüllen?*

- ❑ **Seelsorgerliche Begleitung:** In einer Kleingruppe kann intensiv und einfühlsam auf den einzelnen eingegangen werden.
- ❑ **Christliche Lebensgestaltung:** Der Glaubensweg des einzelnen wird gefördert, indem man einander unterstützt und sich gegenseitig Einblick in das eigene Leben gibt.
- ❑ **Konkrete Hilfe:** Menschen in schwierigen Situationen oder persönlichen Krisen finden Hilfe und Gesprächspartner.
- ❑ **Glaubensvertiefung:** Die Kleingruppe ist ein guter Rahmen, um den eigenen Wachstumsprozeß im Glauben zu vertiefen.
- ❑ **Den Glauben weitertragen:** Die Kleingruppe ist die Plattform, auf der gemeindefremde Menschen mit Glaubensfragen in Berührung kommen. Hier erhalten die Teilnehmer das Rüstzeug dafür, als Christen ihre Verantwortung in der Welt wahrzunehmen.
- ❑ **Gemeinschaft:** In der Gruppe kann man Kontakte pflegen und ein Gefühl der Zugehörigkeit entwickeln.
- ❑ ____

5. *Wenn Sie sich vorstellen, Sie haben diesen Traum für Ihr Gruppenangebot in Ihrer Gemeinde umgesetzt – wie wird es damit nach einem Jahr aussehen?*

Nach fünf Jahren?

Vertiefung und Wiederholung zu Lektion 1

Am Schluß jeder Einheit gibt es ein paar Fragen – zur Wiederholung und Vertiefung und zur Vorbereitung auf die nächste Lektion.

Bibelstudium

Im **Alten Testament** wird selbstverständlich davon gesprochen, daß Menschen in Gemeinschaft mit anderen leben. Das Wesen Gottes selbst ist gemeinschaftsbezogen. In der Schöpfungsgeschichte ist für Gott der Name „Elohim" gebraucht, ein Begriff, der in der Mehrzahl verwendet wird (vgl. 1. Mose 1,26). Die christliche Lehre von der Dreieinigkeit bringt ähnliches zum Ausdruck: Gott „besteht" sozusagen „in Gemeinschaft": als Vater, Sohn und Heiliger Geist. Gott selbst existiert als „Kleingruppe", könnte man sagen. Sein ureigenstes Wesen ist auf Gemeinschaft angelegt.
Das Eingebundensein in eine Gemeinschaft hatte im Alten Testament einen hohen Stellenwert. Die Zugehörigkeit zu einer Familie oder Stammesgruppe bildete einen entscheidenden Faktor in der Geschichte Gottes

mit seinem Volk. Abraham wird zwar als einzelner berufen, aber die Verheißung, die er erhält, gilt seinen Nachkommen und darüber hinaus „allen Geschlechtern der Erde" (vgl. 1. Mose 12,1-3; 15,1-6). Gott erwartete niemals, daß Menschen eine isolierte Beziehung zu ihm pflegen, die nicht in die menschliche Gemeinschaft eingebunden wäre. Vielmehr geht das Alte Testament davon aus, daß von der Gottesbeziehung des einzelnen stets Auswirkungen im menschlichen Miteinander zu spüren sind (vgl. z.B. 2. Mose 20).
Rechtsprechung und Kult des jüdischen Volkes basierten auf der Grundlage dieser Gemeinschaftseinbindung (2. Mose 21-24). Gottesdienst, Glaube und das Gesetz gründeten sich auf einen Lebensstil, für den die Zugehörigkeit zu Volks-, Stammes- und Familiengruppen selbstverständlich war (2. Mose 13, 5.8-10). Der Glaube ist im Alten Testament keine Privatsache, er ist Folge der Zugehörigkeit zu einer Gemeinschaft, die Gott erwählt hat (5. Mose 16,11).

Vertiefung

Die folgenden Fragen geben Ihnen die Möglichkeit, das in Lektion 1 Gelernte noch einmal zu wiederholen. In den folgenden Lektionen kommen wir darauf zurück.

1. *Kleingruppen können viele Bedürfnisse von Menschen befriedigen. Was sind die dringendsten Anliegen in Ihrem Leben, bei denen eine Kleingruppe eine Hilfe sein kann (Beziehungen, Familienangelegenheiten, das Leben wieder in den Griff kriegen, Streß, Glaubensfragen, neue Freunde gewinnen, mit der Kirche klarkommen ...)?*

2. *Denken Sie noch einmal an Ihre eigenen Erfahrungen mit Kleingruppen. Was würden Sie gern beibehalten? Was würden Sie ändern?*

3. *Wie müßte eine Kleingruppe aussehen, die Sie gern leiten würden?*

Vorbereitung

Und so können Sie sich auf die zweite Lektion vorbereiten:

1. *Was würden Sie empfinden, wenn*
a) jemand, den Sie gerade erst kennnengelernt haben, Ihnen nach fünf Minuten sehr persönliche Dinge anvertraut?
b) jemand, dem Sie zum erstenmal begegnen, Ihnen anbietet: „Sagen Sie mir ruhig, wo Sie Probleme haben – ich werde für Sie beten."
Ihre Antwort hilft Ihnen, sich zu verdeutlichen, wie wichtig der Prozeß der Gruppenbildung für eine offene Gesprächsatmosphäre ist.

2. *Welche Dinge dürften Ihrer Meinung nach beim Treffen einer Kleingruppe nicht fehlen?*

- ❑ ein gutes Thema
- ❑ ein gemütlicher Rahmen (Knabbereien und Getränke)
- ❑ Zeit zum persönlichen Gespräch
- ❑ eine kleine Unterhaltungseinlage
- ❑ Bibelarbeit
- ❑ gemeinsames Singen
- ❑ Videofilm
- ❑ ____________________
- ❑ ____________________

LEKTION 2

In dieser Einheit geht es um folgende Themen:

- ***Welche Aufgaben hat der Gruppenleiter?***
- ***Wie bleibt eine Gruppe im Gleichgewicht?***
- ***Wie verläuft ein Gruppentreffen?***
- ***Was ist eine Gruppenvereinbarung?***
- ***Vertiefung und Wiederholung***

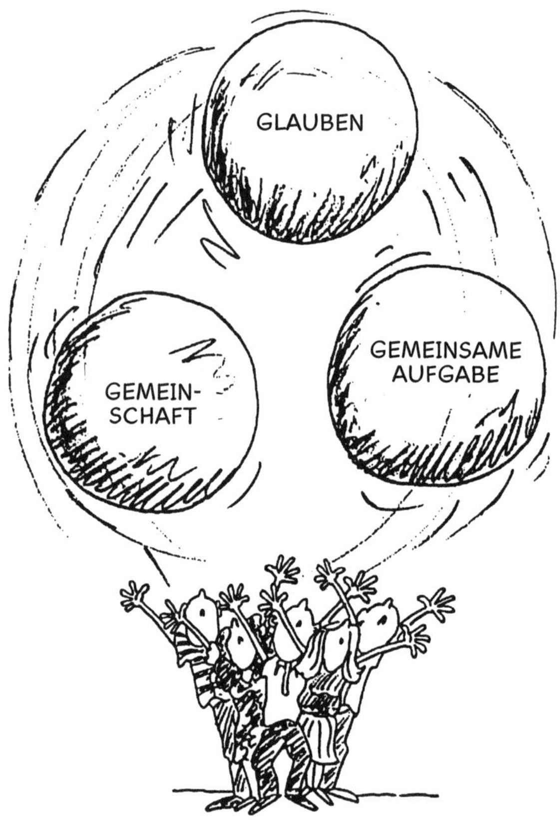

Welche Aufgaben hat der Gruppenleiter?

Anforderungsprofil für einen Gruppenleiter

Auf der nächsten Seite finden Sie eine Zusammenstellung von Fähigkeiten, die für Gruppenleiter wichtig sind. Die spezielle Zielsetzung der Gruppe, die Sie leiten, benötigt gewisse Fertigkeiten. Kreuzen Sie an, welche Fähigkeiten Sie als Leiter der Gruppe, die Sie im Blick haben, vor allem benötigen (oder vergeben Sie Prioritäten: 1 = oberste Priorität, 2 = geringe Priorität usw. – = überflüssig). Ergänzen Sie gegebenenfalls, was Ihrer Ansicht nach fehlt.

Unbedingt erforderlich	Wünschenswert	Ein Gruppenleiter
❑	❑	kann gut zuhören.
❑	❑	scheut sich nicht, „heiße Eisen" anzupacken.
❑	❑	kann Probleme erkennen und lösen.
❑	❑	ist kontaktfreudig.
❑	❑	kann verständlich vom Glauben reden.
❑	❑	kann seine Zeit gut einteilen.
❑	❑	hat Geschick im Umgang mit Menschen.
❑	❑	kann ermutigen und bestätigen.
❑	❑	kann gut organisieren und verwalten.
❑	❑	kann die Ziele der Gruppe klar definieren.
❑	❑	kann eine offene Gesprächsatmosphäre schaffen.
❑	❑	hat seelsorgerliche Fähigkeiten.
❑	❑	weiß, wann er an seine Grenzen kommt, und holt sich Rat, falls erforderlich.
❑	❑	behält vertrauliche Mitteilungen für sich.
❑	❑	kennt sich in der Bibel aus.
❑	❑	ist offen für neue Wege und Ideen.
❑	❑	ist in der Lage, neue Mitglieder zu integrieren.
❑	❑	kann eine Andacht halten.
❑	❑	ist vertraut mit Gruppenprozessen.
❑	❑	erkennt Begabungen und Talente.
❑	❑	______________________
❑	❑	______________________

Die Aufgaben eines Gruppenleiters

1. *Wir wollen jetzt die spezifischen Aufgaben von Kleingruppenleitern näher betrachten. Tragen Sie ein, welche der genannten Aufgaben Ihnen leichter fallen (l), welche schwerer (s). Was würden Sie ergänzen?*

❑ Interessierte zu den Treffen einladen

❑ Regelmäßig Gruppentreffen organisieren

❑ Intensiven Kontakt zu Mitgliedern und Interessierten halten durch Besuche, Anrufe, Briefe

❑ Den Ablauf des Gruppentreffens vorbereiten

❑ Für alle Gruppenmitglieder beten

❑ Bei akuten Problemen von Gruppenmitgliedern einen Seelsorger oder eine andere geeignete Person zu Rate ziehen

❑ Angebote zur Weiter- und Fortbildung nutzen

❑ Durch persönliches Beispiel eine Atmosphäre schaffen, in der sich alle Gruppenmitglieder angenommen, geschätzt und beachtet fühlen

❑ Aufgaben an einzelne Gruppenmitglieder delegieren, wie Bewirtung, evtl. musikalische Beiträge und Liedauswahl, die Planung von Festen und Ausflügen, die teilweise Leitung eines Treffens

- ❑ Zur Teilnahme an weiteren Gemeindeveranstaltungen ermutigen
- ❑ Stellvertreter auswählen und ihnen helfen, in die Leitungsaufgabe hineinzuwachsen.
- ❑ Dem Stellvertreter Gelegenheit geben, ein Gruppentreffen ganz oder teilweise zu gestalten
- ❑ ____________________
- ❑ ____________________

2. *Wer könnte Sie in gewissen Aufgaben ergänzen und entlasten?*

Wie bleibt eine Gruppe im Gleichgewicht?

Ein dreibeiniger Stuhl hat eine besondere Eigenschaft: Er wackelt nie. Dasselbe gilt für Kleingruppen. Sie benötigen drei „Standbeine", um ausgewogen und im Gleichgewicht zu bleiben. Das Bild des dreibeinigen Stuhls soll dieses „Grundgesetz" immer wieder in Erinnerung bringen.

- Gemeinschaft – einander kennenlernen und zusammenwachsen
- Glaube – Begegnung mit der Bibel
- Gemeinsame Aufgabe

Gemeinschaft

Gemeinschaft muß wachsen. Bis unterschiedliche Menschen zu einer Gruppe zusammenwachsen, in der jeder sich öffnet und am Ergehen der anderen teilnimmt (wie es von den ersten Christen berichtet wird), braucht es Zeit, das Bemühen aller Teilnehmer und gute Kommunikation. Eine Gruppe, die sich in diesem Wunsch nach Gemeinschaft nicht einig ist und Offenheit nicht bewußt sucht, steht in Gefahr zu scheitern.

Wenn andererseits nur noch die Gemeinschaft oder die persönlichen Beziehungen im Zentrum des Interesses stehen, besteht die Gefahr, daß man voneinander abhängig wird. Die Gruppe verkommt zur Clique, die sich nur noch mit sich selbst beschäftigt. Um den Prozeß der Gemeinschaftsbildung geht es vor allem im Einstiegsteil und im Austausch bei jedem Treffen.

Glaube

Das Gespräch über biblische Texte ist ein zentraler Teil unserer Kleingruppentreffen. Jede Gruppe braucht eine Inspirationsquelle. Für christliche Gruppen ist dies das gemeinsame Hören auf Gott in seinem Wort. Aber – ein Stuhl kann nicht auf einem einzigen Bein stehen! Wenn es nichts anderes gibt als Bibelstudium um seiner selbst willen, kann das ermüdend und kopflastig sein oder zu geistlicher „Übersättigung" führen.

Gemeinsame Aufgabe

Kleingruppen sind immer in Gefahr, um sich selbst zu kreisen (Überbetonung der Gemeinschaft) oder vor lauter geistlichen Erkenntnissen den Alltag aus dem Blick zu verlieren (Überbetonung des Glaubens). Das beste Mittel dagegen ist eine konkrete Aufgabe, etwa der Kontakt zu anderen Menschen. Kleingruppen haben hier eine besondere Chance: Menschen, für die die Kirche fremd geworden ist oder die nicht mehr wissen, wie sie mit dem Glauben dran sind, finden hier einen Raum zum Gespräch, in dem Anfragen, Zweifel und vielleicht negative Erfahrungen ebenso zur Sprache kommen können wie Glaubensgewißheit, Erlebnisse mit dem Gebet oder Entdeckungen in der Bibel. Engagement nach außen kann auch so aussehen, daß eine Gruppe eine soziale Aufgabe übernimmt, gemeinsam einen Gottesdienst gestaltet oder Mitarbeiter eines freien Werkes, z.B. Auslandsmissionare, unterstützt. Einsatzfelder gibt es genug; dem Einfallsreichtum sind hier keine Grenzen gesetzt.

Wenn eine Gruppe allerdings versucht, nur noch auf dem „Einsatz-Bein" zu stehen oder sich ausschließlich darum zu kümmern, Außenstehende zu gewinnen, kann das auch zu leerem Aktivismus oder Überforderung führen, die schnell das Ende einer Gruppe bedeuten.

Wie verläuft ein Gruppentreffen?

Das Grundgerüst für ein Gruppentreffen ist ganz einfach. Alle drei „Standbeine" eines gesunden Gruppenlebens sind darin berücksichtigt. Die Gemeinschaftsebene durchzieht alle Teile des Gruppentreffens.

Drei Teile jedes Treffens

Einstieg

Bibelgespräch

Austausch

Einstieg

Ankommen und Zusammenfinden. Zu Beginn eines Treffens muß jeder erst einmal ankommen können, um während des Treffens ganz dabei zu sein. Einstiegsrunden zum „Auftauen" und eine kleine Erfrischung helfen dabei. Die Einstiegsrunden bieten einen meist humorvollen Einstieg in das Thema des Abends, der zum Schmunzeln bringt und bereits zum Nachdenken anregt. Sie sind die Eingangstore zu einer persönlicheren Gesprächsebene: hier ist Raum für Erinnerungen, Träume, Wünsche, besondere Erlebnisse und die Dinge, die jeden einzelnen in besonderer und einmaliger Weise ausmachen.

Bibelgespräch

Gemeinsam nach dem Glauben fragen. Hier geht es um die Begegnung mit biblischen Texten und um das Gespräch über Lebens- und Glaubensfragen. Eine kurze Einführung und Fragen zum Text helfen zum Einstieg in das Gespräch. Man kann dann gemeinsam an den Fragen arbeiten oder man teilt sich in Vierergruppen auf, damit jeder zu Wort kommt. Gemeinsam faßt man die Ergebnisse zusammen.

Austausch

Raum für persönliche Anliegen. Hier kann alles zur Sprache kommen, was einzelne Teilnehmer sonst noch bewegt. Selbstverständlich können auch offengebliebene Fragen aus dem Bibelgespräch weiterverfolgt werden. Vor allem ist hier Gelegenheit, davon zu berichten, was gerade im eigenen Leben wichtig, schön, schwierig usw. ist. Dieses Gespräch schafft die Voraussetzung dafür, daß die Gruppe zusammenwächst und jede/r mehr und mehr am Leben der anderen teilnehmen kann: durch konkrete Hilfe in einzelnen Anliegen, indem man füreinander betet, durch den Austausch von Erfahrungen auch zwischen den einzelnen Gruppentreffen. Hier wird Glaube konkret. Der Austausch ist der „Herzton" des Gesprächs, der bei keinem Treffen fehlen sollte.

1. *Welche Elemente muß Ihrer Ansicht nach ein Kleingruppentreffen unbedingt enthalten, wenn es ein allmähliches Vertrautwerden und Zusammenwachsen verwirklichen will?*

❑ ______________________________

❑ ______________________________

❑ ______________________________

❑ ______________________________

Was ist eine Gruppenvereinbarung?

Wie findet eine Gruppe ein gemeinsames Ziel und Vorgehen? Es lohnt sich, sich relativ früh auf bestimmte **Grundregeln** für Kleingruppen zu einigen. Solche Spielregeln sind eine ausgezeichnete Sache. Sie helfen der Gruppe, sich ein gemeinsames Ziel zu stecken. Auf diese Weise weiß jeder genau, was vorgeht. Jeder hat die Möglichkeit, seinen Beitrag zum Gelingen der Treffen zu leisten.

Es ist gut, sich als Gruppe klar zu werden über Erwartungen und Wünsche der Teilnehmer, die Ziele der Gruppe, über Grundregeln im Umgang miteinander – und auch über organisatorische Fragen. Je besser der äußere Rahmen organisiert ist, um so mehr Raum bleibt für das inhaltliche Gespräch und für die Gemeinschaft.

Hier ist eine Liste von Grundregeln, die Sie Ihren Kleingruppen vorgeben können. Wählen Sie die aus, die Sie übernehmen wollen, und ergänzen Sie ggf., was noch fehlt.

❑ **Priorität:** *„Solange wir zu einer Kleingruppe gehören, haben die Treffen Priorität."*

❑ **Respekt:** *„Jeder hat das Recht auf eine eigene Meinung. Fragen sind erwünscht und werden ernst genommen; „dumme Fragen" gibt es nicht. Jeder kommt zu Wort, niemand beherrscht das Gespräch allein."*

❑ **Vertraulichkeit:** *„Was in der Gruppe zur Sprache kommt, wird nicht nach außen getragen."*

- ❑ **Offenheit:** *„Die Gruppe ist offen für neue Mitglieder, solange es die Gruppengröße und die Räumlichkeiten erlauben. Jedoch kann auch vereinbart werden, daß die Gruppe lediglich in der ersten Zeit offen ist für neue Teilnehmer."*

- ❑ **Unterstützung:** *„Wenn es nötig ist, sind wir füreinander da – und sei es mitten in der Nacht."*

- ❑ **Gemeinsame Aufgabe:** *„Wir wollen uns in der Gemeinde, in unserer Nachbarschaft oder unserem Wohnort für andere einsetzen und konkrete Schritte gemeinsam tun."*

- ❑ **Wachstum durch Teilung:** *Eine Gruppe könnte beschließen, sich zu teilen, wenn eine bestimmte Teilnehmerzahl erreicht ist, und innerhalb eines gewissen Zeitraums eine neue Gruppe zu gründen. Erfahrungsgemäß sollte eine Gruppe sich teilen, wenn sie mehr als zwölf Teilnehmer hat.*

- ❑ ______________________________

- ❑ ______________________________

Warum sind solche Spielregeln wichtig?

Bestimmte Regeln sind gut und wichtig, allerdings nur dann, wenn alle Teilnehmer sie auch als sinnvoll empfinden. Die vorgeschlagenen „Spielregeln" sollen deshalb hier kurz erläutert werden.

- ❑ **Priorität:** *„Solange wir zu einer Kleingruppe gehören, haben die Treffen Priorität."*

  Zuverlässigkeit ist unverzichtbar, wenn sich eine Atmosphäre des Vertrauens entwickeln soll. Ist ein Gruppenmitglied unzufrieden mit der Entwicklung der Gruppe, betrifft dies die ganze Gruppe; sie sollte dann offen sein für Korrektur und Veränderung. Ist jemand an einem Termin (aus dringendem Grund) verhindert, sollte er den Gruppenleiter benachrichtigen.

- ❑ **Respekt:** *„Jeder hat das Recht auf eine eigene Meinung. Fragen sind erwünscht und werden ernst genommen; ‚dumme Fragen' gibt es nicht. Jeder kommt zu Wort, niemand beherrscht das Gespräch allein."*

  Man muß weder Theologe noch besonders religiös sein, um einer Kleingruppe anzugehören. Jeder kann sich mit seinen Erfahrungen am Gespräch beteiligen. Vielleicht muß eine Gruppe auch erst lernen, wie sie jedem das Gefühl geben kann, angenommen zu sein, egal welchen Hintergrund er hat. Der Gruppenleiter sollte in der Lage sein, hier prägend voranzugehen.

- **Vertraulichkeit:** *„Was in der Gruppe zur Sprache kommt, wird nicht nach außen getragen."*

  Dieser Grundsatz ist entscheidend, damit Vertrauen entstehen kann. Jeder muß sicher sein können, daß persönliche Anliegen nicht weitergetragen werden. Besonders wenn schwierige oder sehr persönliche Dinge zur Sprache kommen, kann es angebracht sein, die Gruppe an den Grundsatz der Verschwiegenheit zu erinnern. Dieses Prinzip darf nur durchbrochen werden, wenn durch das Stillschweigen jemand ernsthaft Schaden nehmen könnte (etwa wenn jemand von Selbstmordgedanken berichtet und fachliche Hilfe gesucht werden muß). In solchen Fällen sollte aber den Betroffenen mitgeteilt werden, daß die Vertraulichkeit zu ihrem Schutz aufgehoben wird.

- **Offenheit:** *„Die Gruppe ist offen für neue Mitglieder, solange es die Gruppengröße und die Räumlichkeiten erlauben. Jedoch kann auch vereinbart werden, daß die Gruppe lediglich in der ersten Zeit offen ist für neue Teilnehmer."*

  Offenheit für neue Mitglieder ist eine wichtige Funktion von Kleingruppen. Gäste könnten sich in einem Maße angenommen und zugehörig fühlen, wie es etwa in einem Gottesdienst nicht möglich ist. Es gibt auch Situationen, in denen eine Gruppe vorübergehend keine neuen Mitglieder aufnehmen kann oder will. Es gibt Phasen, wo die Gruppe erst selbst zusammenwachsen muß und sich nicht ständig auf neue Mitglieder einstellen kann – besonders, wenn diese keine Vorerfahrung mit Kleingruppen haben. Das ist legitim. Sie sollten sich darüber klar werden, was für Ihre Gruppe das Richtige ist. Prinzipiell sollte die Frage nach der Offenheit aber in regelmäßigen Abständen, mindestens alle sechs Monate, neu bedacht werden.

- **Unterstützung:** *„Wenn es nötig ist, sind wir füreinander da – und sei es mitten in der Nacht."*

  Kleingruppen können ein Rahmen sein, in dem einer für den anderen da ist. Hier wird es lebendig und menschlich. Schließlich tut es gut, wenn jemand sagt: „Ruf mich doch einfach an, wenn du mit jemandem reden willst", oder fragt: „Du, kann ich mal mit dir reden?"

- **Gemeinsame Aufgabe:** *„Wir wollen uns in der Gemeinde, in unserer Nachbarschaft oder unserem Wohnort für andere einsetzen und konkrete Schritte gemeinsam tun."*

  Eine Gruppe kann gemeinsam ein konkretes Projekt planen, die Verantwortung für einen bestimmten Arbeitsbereich in der Gemeinde übernehmen. Der konkrete Einsatz dient nicht nur der Gemeinde, sondern fördert auch das Zusammenwachsen der Gruppe – man wächst durch gemeinsames Tun anders zusammen, als wenn man sich nur zu Gesprächen trifft.

- ❑ **Wachstum durch Teilung:** Eine Gruppe könnte beschließen, sich zu teilen, wenn eine bestimmte Teilnehmerzahl erreicht ist, und innerhalb eines gewissen Zeitraums eine neue Gruppe zu gründen. Erfahrungsgemäß sollte eine Gruppe sich teilen, wenn sie mehr als zwölf Teilnehmer hat.

Vertiefung und Wiederholung zu Lektion 2

Bibelstudium

Das **Neue Testament** zeigt uns Jesus als Leiter einer Kleingruppe. Jesus verbrachte den Großteil seiner Zeit mit dieser „Kleingruppe", seinen Jüngern (Lukas 6,13-16). Sein eigenes Wirken war eingebettet in diesen Rahmen enger persönlicher Beziehungen.
Diese „Gruppenbezogenheit" Jesu weist einige wichtige Merkmale auf:

- Jesus widmete seine Zeit und Kraft seiner „Kleingruppe", aber ebenso der Volksmenge (Markus 1,37.38).

- Mit seinen Jüngern verbrachte er den größten Teil seiner Zeit. Er war ständig mit ihnen zusammen: Sie wanderten miteinander durch das Land, sie aßen zusammen, sie lebten zusammen und teilten Schwierigkeiten ebenso wie schöne Erlebnisse. Je unausweichlicher er den Zeitpunkt seines Todes kommen sah, um so mehr Zeit verbrachte Jesus mit seinen Jüngern.

- Zwischenmenschliche Beziehungen waren Jesus wichtiger als religiöse Organisationen. Sein Hauptanliegen war das Heil der Menschen, der Ruf zur Umkehr zu Gott, nicht die Gründung einer frommen Institution. Er verbrachte seine Zeit damit, sich um die Menschen zu kümmern, Kranke zu heilen, ihnen in ihren Sorgen zuzuhören, Schuld zu vergeben, zu ermutigen und zu lehren. Die einzige „Institution", in die Jesus Zeit investierte, war die Kleingruppe des Jüngerkreises.

- Diese Gruppe war der erste Adressat für seine Boschaft und Lehre. In diesem Kreis erläuterte er seine Gleichnisse, hier war er ansprechbar auf die Art, wie er sein Leben gestaltete. Die Jünger bildeten mit Jesus eine Lebens- und Lern-Gemeinschaft.

- Die Kleingruppe des Jüngerkreises war das Übungsfeld, in dem Jesus zukünftige Führungskräfte heranbildete. Die Männer, die zu dieser Gruppe gehörten, wurden später die führenden Leute der frühen Gemeinden.

Die folgenden Fragen geben Ihnen Gelegenheit zu einem Rückblick auf einzelne Aspekte der zweiten Lektion.

Vertiefung

1. *Was empfinden Sie, wenn Sie daran denken, welche Fähigkeiten ein Gruppenleiter mitbringen sollte?*

An welchen Punkten möchten Sie besonders arbeiten?

2. *Führen Sie sich noch einmal die wichtigsten Bausteine eines Gruppentreffens vor Augen. Wozu haben Sie noch Fragen? Wo haben Sie Bedenken? Fehlt Ihrer Meinung nach etwas Wesentliches? Was?*

3. *Welche der vorgeschlagenen „Spielregeln" würden Sie gern in der Gruppe verwirklicht sehen, die Sie leiten?*

Vorbereitung

Die folgenden Fragen dienen als Vorbereitung auf Lektion 3.

1. *Gibt es Situationen, in denen es Ihnen näherliegt, einen vorgegebenen „Jargon" zu gebrauchen, als ihre eigene Sprache zu sprechen? Was sind das für Situationen?*

2. *Welche Umstände machen es Ihnen leicht, sich in einem Gespräch zu öffnen?*

3. *Wie würden Sie die Teilnehmer einer Gruppe zur Offenheit im Gespräch ermutigen?*

4. *Waren Sie schon in einer Gruppe Ihrer Gemeinde beteiligt, die gemeinsam ein bestimmtes Projekt durchgeführt hat?*

LEKTION 3

In Lektion 3 geht es um folgende Fragen:

- ***Wie entsteht Gemeinschaft?***
- ***Was ist gute Kommunikation?***
- ***Wie wählt man das richtige Material aus?***
- ***Wie findet eine Gruppe heraus, was „ihre Sache" ist?***
- ***Vertiefung und Wiederholung***

Wie entsteht Gemeinschaft?

Die Beziehungsbrücke

Die „Beziehungsbrücke" veranschaulicht die „Grundpfeiler" der Gruppenbildung. In der Anfangsphase einer Gruppe stehen alle Teilnehmer sozusagen auf ihrem eigenen Ufer. Wenn Gemeinschaft entstehen soll, muß man beginnen, Brücken zueinander zu bauen. Diese Beziehungsbrücken ruhen auf drei Pfeilern:

Pfeiler 1

Die eigene Geschichte

Das Beste und Wichtigste, was jeder in die Gruppe einbringen kann, ist er oder sie selbst. Besonders in der Anfangszeit einer Gruppe – aber auch später immer wieder – geht es darum, einander kennenzulernen. Dazu gehört, etwas über die Lebensgeschichte der anderen zu erfahren – jeder ist ja geprägt von bestimmten Erfahrungen. Manchmal wird eine Lebensgeschichte nach und nach deutlich – ein Puzzleteil kommt zum anderen. Ein anderes Mal packen Sie vielleicht richtig aus und erzählen von einem Ereignis, das einen Meilenstein in Ihrer Entwicklung darstellt.

Hier ist auch Gelegenheit, über Erfahrungen mit dem Glauben zu sprechen:

- in der Vergangenheit: Was waren wichtige Ereignisse, Erinnerungen, Personen, persönliche Erfahrungen und Erfahrungen mit der Kirche?
- in der Gegenwart: Wo stehe ich zur Zeit in bezug auf Glauben, Gott, Kirche?
- für die Zukunft: Was wünsche ich mir in dieser Hinsicht? Was erwarte, was erhoffe ich?

Pfeiler 2

Annahme

Mit dem zweiten Pfeiler wächst die Beziehungsbrücke um ein gutes Stück. Nähe entsteht durch die Reaktionen der anderen auf das Erzählte. Dabei geht es nicht nur um ein „Feedback" oder schlichtes Zuhören. Menschen werden angenommen, wie sie sind, mit ihrer Geschichte. Ratschläge und Bewertungen sind hier nicht angebracht: Erfahrungen sind Erfahrungen, und jeder hat das Recht auf seine persönliche Sicht der Dinge. Hier heißt es vielmehr: „Danke, daß Sie uns das erzählt haben ... Ich kann mir vorstellen, was Sie durchgemacht haben ... Ihre Geschichte hilft mir, weil ..." Eine Gruppe, die lernt, so miteinander umzugehen, baut damit kräftig an einem tragfähigen Beziehungsfundament.

Pfeiler 3

Ziele setzen

Die eigene Geschichte zu erzählen und damit angenommen zu werden, schafft die Basis für Beziehungen. Vertieft werden diese Beziehungen, wenn man es wagt, in unerforschtes Terrain vorzustoßen. Mit dem dritten Pfeiler gelangt die gegenseitige Offenheit auf eine tiefere Ebene. „In welche Richtung will ich mich weiterentwickeln? ... Wo will Gott mich haben? ... Was hält mich davon ab, mein Leben in diese Richtung zu verändern?"

Pfeiler 4

Koinonia – Gemeinschaft

Das griechische Wort *Koinonia* wird mit „Gemeinschaft" übersetzt. Es schließt Anteilgeben und Anteilnehmen ein. Menschen „teilen" einen gemeinsamen Glauben. Diese Gemeinschaft läßt sich verwirklichen – durch aufrichtiges Miteinander und gegenseitige Anteilnahme und Unterstützung. Wenn sich Christen im Namen Jesu versammeln und füreinander da sind, will der Heilige Geist „das Ganze größer machen als die Summe der Teile".

Was ist gute Kommunikation?

Reden kann jeder, natürlich. Aber Reden allein führt noch nicht dazu, daß wir uns verstehen. Darum aber geht es in einer Kleingruppe. Die Fähigkeit, echte Gespräche zu führen oder anzuregen ist deshalb für Gruppenleiter besonders wichtig.

Die Ebenen der Kommunikation

Kommunikation findet auf verschiedenen Ebenen statt:

Ebene 1

Allgemeines Gespräch. Bei dieser Art von Kommunikation befindet man sich auf sicherem Terrain. Keiner gibt etwas von sich preis. Man unterhält sich über das Wetter, das Fernsehprogramm, aktuelle Ereignisse und benutzt dazu gängige Redewendungen wie: „Na, wie geht's?" oder „Mensch, ist das eine Hitze!". Hier wird nichts Persönliches weitergegeben. Jeder wahrt einen gewissen Sicherheitsabstand, und man tritt niemandem zu nahe.

Ebene 2

Austausch von Informationen und Tatsachen. Auf der zweiten Ebene reden wir über aktuelle Ereignisse, Tatsachen und Grundsätzliches, aber nicht über uns selbst. Wir unterhalten uns vielleicht über andere, aber wir lassen uns selbst und unsere Situation aus dem Spiel. Auf dieser Ebene fallen Sätze wie: „Beim letzten Treffen haben wir festgelegt, daß wir folgendermaßen vorgehen wollen ..." oder „Hast du von dem Unfall gehört?"

Ebene 3

Austausch von Gedanken und Meinungen. Hier beginnt das persönliche Gespräch. Wir gehen schon mal ein kleines Risiko ein, indem wir unsere eigenen Ideen und Meinungen einfließen lassen. Wir sagen etwa: „Ich glaube, wer gegen Ausländer ist, kann bloß nicht mit seiner eigenen Angst und Wut umgehen."

Ebene 4

Gefühle mitteilen. Auf dieser Ebene geben wir unsere Gefühle über Ereignisse und Meinungen zu erkennen. Hier geschieht der Schritt über den Gedankenaustausch hinaus ins Reich der Gefühle. Das birgt Risiken, denn wer Gefühle zeigt, macht sich verletzlich. Ein Beispiel für Kommunikation auf dieser Ebene wäre: „Wenn ich mit anderen rede, erwarte ich immer, daß sie nicht meiner Meinung sind. Manchmal glaube ich, die Leute mögen mich nicht."

Ebene 5

Gespräch über ganz persönliche Angelegenheiten. Hier haben wir den „Gipfel" der Kommunikation erreicht. Auf dieser Ebene gibt es Gespräche mit einem hohen Grad an Offenheit und Transparenz. Selbst die eigenen Schwächen können hier zur Sprache gebracht werden. Meistens schämen wir uns, einander auf dieser Ebene zu begegnen. Ein Beispiel für Kommunikation auf dieser Ebene: „Wir sind zur Zeit wirklich deprimiert und mutlos. Letzten Dienstag hat Luisa uns eröffnet, daß sie schwanger ist. Ich bin so wütend und fühle mich so hilflos ... Ich weiß nicht, was ich machen soll."

1. Erinnern Sie sich an unterschiedliche Gruppen, denen Sie im Lauf Ihres Lebens angehörten (Schulklasse, Konfirmandengruppe, Familie, Arbeitskollegen, Sportverein ...) und schreiben Sie diese auf. Notieren sie jeweils dazu, auf welcher Ebene die typischen Gespräche in dieser Gruppe stattfanden/stattfinden.

Möglichkeiten der Gesprächsführung

Wer die unterschiedlichen Gesprächsebenen kennt und im Gespräch erkennt, kann das Gespräch in einer Gruppe beeinflussen. Eine Gruppe, in der eine gute Gemeinschaft besteht, wird öfter auf der Ebene 4, gelegentlich auch auf der Ebene 5 miteinander reden. Das setzt jedoch voraus, daß zunächst der Weg über die anderen Stufen zurückgelegt wurde. Der Leiter hat einige Möglichkeiten, das Gespräch in Richtung auf eine offene, persönliche Kommunikation zu fördern:

Bestätigen

Bestätigung schafft eine Atmosphäre des Angenommenseins. Der Gruppenleiter kann zu einer persönlichen Gesprächsebene beitragen, indem er Gesprächsbeiträge positiv aufnimmt, Mut macht zu ehrlichen Stellungnahmen und dabei selbst mit eigenem Beispiel vorangeht.
Jesus dient hier als Beispiel. Er sah die versteckten Schätze in den Menschen und bestärkte sie darin, noch bevor sie selbst diese erkannten. Er sah einen schwachen und wankelmütigen Fischer namens Simon und nannte ihn einen „Fels". Er sah einen geldgierigen, ausgestoßenen Geldeintreiber in einem Maulbeerbaum sitzen, rief ihn zu sich hinunter und nannte ihn Sohn Abrahams.

Nachfragen

Kleingruppen sind dazu da, damit Menschen nicht aneinander vorbeileben, sondern aneinander Anteil nehmen und sich auf dem Weg des Glaubens gegenseitig voranhelfen. Dazu gehört auch das Nachfragen. Eine konkrete Frage, unter Umständen auch eine liebevoll kritische Anmerkung in bezug auf eine bestimmte Situation im Leben eines anderen kann ein Ausdruck der Liebe sein – dafür, daß es mir nicht egal ist, wie es ihm geht.

Einbeziehen

Es gibt Menschen, die keine Schwierigkeiten haben, sich in das Gespräch einzuschalten, wenn sie etwas zu sagen haben. Andere dagegen, die etwas In-sich-Gekehrten, brauchen vielleicht eine kleine Ermutigung. Der Gesprächsleiter spielt hier eine wichtige Rolle, zurückhaltende Teilnehmer zu ermutigen, ihre Gedanken und Gefühle zu äußern. Man kann beispielsweise ermunternd sagen: „Du siehst noch so nachdenklich aus, Karin, was würdest du dazu sagen?" oder: „Wie denkst du darüber, Thomas?" Oder man „hakt" bei einem Gesprächsbeitrag nach: „Und was geschah dann?" Oder: „Kannst du noch etwas genauer sagen, wie du das meinst?"

Aktives Zuhören

Wer merkt, daß man ihm zuhört, ist eher geneigt, sich zu öffnen. Zum aktiven Zuhören gehören z.B. Blickkontakt, eine aufmerksame Körperhaltung und Signale, daß man den anderen versteht, z.B. durch Kopfnicken.

Zusammenfassen

Ebenfalls zum aktiven Zuhören gehört die kurze Wiedergabe des Gehörten. Der Gesprächsleiter faßt – in eigenen Worten – von Zeit zu Zeit zusammen, was er wahrgenommen hat. Eine solche Zusammenfassung bestätigt dem Redenden, daß er verstanden wird. Zum Beispiel kann man sagen: „Es hört sich so an, als ob die Beziehung zu Ihren Kindern für Sie momentan ziemlich belastend ist."

Motivieren

Motivation ermutigt dazu, aus einer Situation, über die man gesprochen hat, konkrete Schritte abzuleiten, Erkanntes in die Tat umzusetzen und tatsächlich etwas zu verändern. Motivieren heißt nicht drängen. Ein Beispiel für Motivationsfähigkeit im Gespräch ist: „Welchen Schritt können wir uns in dieser Sache für die nächste Woche vornehmen?" Oder: „Welche Möglichkeiten seht ihr, was wir hier tun können?"

Grenzen wahren

Manchmal besteht erfolgreiche Gesprächsführung auch darin, einem Gespräch Grenzen zu setzen, wenn es sich in eine ungute Richtung bewegt oder auszuufern droht. Es ist Aufgabe des Gesprächsleiters, Aussagen entgegenzutreten, die die Privatsphäre der Teilnehmer verletzen. Ratschläge sind ein klassisches Beispiel. Die Gruppe ist dazu da, aufmerksam zuzuhören und Unterstützung anzubieten, aber nicht, um anderen vorzuschreiben, wie sie ihr Leben zu führen haben. Wenn jemand „Du-Botschaften" anstelle von „Ich-Botschaften" weitergibt (also im Stil von „Du solltest, könntest, müßtest ..." redet statt von eigenen Eindrücken und Meinungen), so ist das ebenfalls ein Signal für den Gruppenleiter einzugreifen. In solchen Situationen helfen Bemerkungen wie: „Diese Entscheidung sollten wir wohl besser Martin selbst überlassen." Oder: „Wir bewegen uns jetzt sehr weit fort von unserem eigentlichen Anliegen."

Auffangen

Gesprächsbeiträge auf den Ebenen 4 oder 5 erfordern vom Leiter Wachsamkeit und Sensibilität dafür, wann er Teilnehmer stützen oder auffangen muß. Berichtet jemand z.B. von einem schwierigen persönlichen Problem, muß der Gruppenleiter für eine Atmosphäre der Anteilnahme und Ermutigung sorgen, in der man sich mitteilen kann und weiß, daß die anderen zuhören und das Problem ernstnehmen. Er könnte sagen: „Danke, daß du uns das erzählt hast" und anschließend nachfragen: „Wie fühlst du dich jetzt?" Vielleicht kommt dann die Antwort: „Offen gesagt, ich habe das Gefühl, ich bin ziemlich am Ende. Ich sehe einfach keinen Ausweg." Hier ist es wichtig, daß die Gruppe behutsam mit dem betreffenden Teilnehmer umgeht. Wer so persönlich von sich berichtet, braucht keine Ratschläge und keinen, der sein Problem analysiert. Er braucht einfach nur Menschen, die ihm zuhören und die für ihn da sind. Auffangen bedeutet, stützend da zu sein, wenn jemand sich in der Gruppe aus seiner Deckung herauswagt und seine innersten Gefühle offenlegt.

Stufen auf dem Weg zur Gemeinschaft

Haben Sie schon einmal einen hohen Turm bestiegen? Man hat das Gefühl, die Treppe nimmt überhaupt kein Ende. Auch für Kleingruppen gibt es Gipfelpunkte zu erreichen. Es mag zwar einige Durststrecken geben, aber irgendwann hat man es geschafft. Vertrauen, Aufmerksamkeit und Achtung voreinander bestimmen die Atmosphäre, man kann voreinander offen sein, miteinander lachen und weinen und beten. Oft ist eine solche Gemeinschaft ein Ort, an dem Gottes Geist heilend und verändernd an uns wirkt.

Diese Art von Gemeinschaft ergibt sich allerdings nicht automatisch. Sie steht am Ende eines gemeinsamen Weges, in dem man sich immer wieder um Vertrautheit und Offenheit bemüht hat. Wenn sie gelingt, ist sie ein besonderes Geschenk. Jedes Treffen ist ein wichtiges Element in diesem Gruppenprozeß. Beim ersten Treffen einer Gruppe wird die Erfahrung auf der Stufe 5 sicher anders sein, als wenn man sich bereits einige Zeit oder auch sehr lange kennt.

5. Schritt: Hier sind wir beim „Herzton" des Gesprächs angelangt. Wir nehmen uns Zeit, persönliche Erfahrungen und Anliegen weiterzugeben, füreinander zu beten, und uns „zur Diskussion zu stellen". In einer Gruppe, die diese Stufe erreicht hat, kann sich diese Gemeinschaft als Ausgangspunkt ungeahnten Wachstums erweisen.

4. Schritt: Jetzt wird zunächst Organisatorisches geklärt. Hier ist Gelegenheit, über die Gruppenvereinbarung zu sprechen, eine besondere Aktion zu planen oder darüber zu reden, wer in die Gruppe eingeladen werden könnte. Diese Anliegen können später im gemeinsamen Gebet aufgenommen werden.

3. Schritt: Hier geht es um Verbindungen zum Leben der Teilnehmer. Nach der Frage z.B.: „Wie ist Josef mit seinen Brüdern zurechtgekommen?" kann sich die Frage stellen, welches Licht der Bibeltext auf die eigene Situation wirft: „Wie komme ich mit meiner Familie zurecht?"

2. Schritt: Das Bibelgespräch beginnt mit der Frage: Was steht im Text? Die Teilnehmer haben die Möglichkeit, mit ihren Worten die Aussage wiederzugeben.

1. Schritt: Das Treffen beginnt mit einem Einstieg zum „Warmwerden", der etwas Humor ins Spiel bringt und einen Anlaß bietet, etwas voneinander zu erfahren.

Wie wählt man das richtige Material aus?

Wenn Sie von Frankfurt nach Heidelberg fahren, nehmen Sie keine Straßenkarte von Bayern zu Hand. Sie kämen nie ans Ziel! Was Sie brauchen, ist eine Karte, auf der Sie Ihr Ziel finden. Das Ziel einer christlichen Kleingruppe ist es, daß ihre Mitglieder im Glauben wachsen, daß sie „ganze", mit sich, Gott und dem Leben versöhnte Menschen werden und daß sie fähig werden, sich und ihre Gaben in den Dienst für andere zu stellen. Das alles geschieht durch die Erfahrung geistlicher Gemeinschaft. Wenn Sie diese Gemeinschaft erreichen wollen, brauchen Sie die richtige „Karte".

Eine wichtige Frage bei der Festlegung der gemeinsamen Route ist die **Entscheidung über Themen, Inhalte und Kursmaterialien**. Wenn Sie mit vorgegebenen Kursen arbeiten, beachten Sie bei der Auswahl, daß die Materialien der Entwicklung einer Gruppe Rechnung tragen. Gemeinschaft steht am Ende eines Weges, der verschiedene Etappen hat. Nicht wenige Bibelkreise leiden darunter, daß ihre Mitglieder einander kaum kennenlernen, weil das Gespräch sich darauf beschränkt, die „richtigen Fakten" zusammenzutragen. Ein nur sachorientiertes Bibelstudium reicht nicht aus, damit Gemeinschaft entsteht. Der Bibeltext will für sich sprechen, aber er will auch in Beziehung gebracht werden zum persönlichen Leben der Leser und ihrer Lebenserfahrung.
Achten Sie also darauf, daß das Material, das Sie auswählen, auch diesen Aspekten gerecht wird. Ein Einstieg, der eine offene, persönliche und herzliche Gesprächsatmosphäre schafft, ist dabei ebenso wichtig wie der richtige Abschluß eines Treffens.

In den SERENDIPITY-Kursen sind diese Grundsätze für verschiedene Themenkreise umgesetzt.

Was muß man beim Gespräch über Glaubensfragen beachten?

Damit ein Gespräch über Bibeltexte und Glaubensfragen gelingt, sind noch andere Grundsätze zu beachten. Sie tragen dazu bei, das Lernen durch eine offene, persönliche Atmosphäre zu erleichtern.

- **Gemeinsames Bibelstudium ist etwas anderes als persönliches Bibelstudium.** In der Gruppe hat das Gespräch über die Bibel immer auch einen gemeinschaftsbildenden Aspekt. Es gibt jedem Teilnehmer Gelegenheit, etwas von seiner eigenen Glaubensgeschichte und -erfahrung mitzuteilen.

- **Offenheit muß wachsen.** „Über Religion spricht man nicht" oder „Glaube ist Privatsache" – das sind ungeschriebene Regeln unserer Kultur. Über die eigene religiöse Überzeugung zu sprechen, fällt uns schwer. Die meisten Menschen sind sehr zurückhaltend darin, ihre Glaubenserfahrungen publik zu machen – das gilt erst recht, wenn man den Gesprächspartner noch kaum kennt. Oft ist der Einstieg in ein solches Gespräch leichter, wenn man zunächst auf „neutralem Boden" reden kann, über die Erfahrung Dritter. Die biblischen Geschichten geben dazu gute Gelegenheit. Die eigene Erfahrung mit der dieser Menschen zu vergleichen, fällt dann nicht mehr so schwer.

- **Persönliche Offenheit braucht Zeit, um zu wachsen.** Am Anfang eines Gruppenweges wird man mehr auf neutralem Boden miteinander reden; allgemeine Aussagen bergen ein geringeres Risiko. Von hier aus kann man dann auch die persönliche Seite ins Gespräch bringen. Die Bibelgespräche sollten dieser Struktur folgen. Am Anfang stehen „sichere" Fragen, etwa: „Wie begegnete Petrus Jesus?". Dann können Sie zu der riskanteren Frage übergehen: „Wann habe ich zum erstenmal eine Begegnung mit Gott erlebt?"

- **Offene Fragen fördern eine offene Gesprächsatmosphäre.** Gesprächsimpulse und Fragen sollten offen formuliert sein und nicht auf eine „Richtig- oder-falsch"-Antwort hinzielen. Solche Fragen lassen Wahlmöglichkeiten offen, geben Raum für eigene Beobachtungen und eine Vielzahl von persönlichen Meinungen, in denen es nicht darum geht, recht zu behalten. Gesprächsfördernde Fragen zielen auf persönliche Eindrücke, Motive und Gefühle gegenüber dem Text. Erzählende Texte aus den Evangelien oder dem Alten Testament eignen sich für den Einstieg in diese Art des Gesprächs sehr gut; sie ermöglichen Identifikation oder eine persönliche Stellungnahme zu den beteiligten Personen.

- **Hilfen für Einsteiger.** In allen SERENDIPITY-Kursen finden Sie vorgegebene Antwortmöglichkeiten. Dieses Multiple-Choice-Verfahren hilft vor allem Menschen, die sich mit der Bibel nicht so gut auskennen, sich am Gespräch zu beteiligen. Die Fragen sind allgemein formuliert und vermeiden, daß sich Anfänger verunsichert und zurückhaltende Menschen eingeschüchtert fühlen. Jeder kann eine Antwort finden. Nehmen Sie auch nicht alles tierisch ernst – oft hilft ein humorvoller Blick, Parallelen zum eigenen Leben zu entdecken. Natürlich gibt es immer die Möglichkeit, über die angebotenen Antworten hinaus eigene Gedanken vorzubringen. Auf diese Weise kann jeder am Gespräch teilnehmen.

- **Halten Sie sich an die vereinbarten Zeiten.** Vor allem am Anfang ist ein zügiger, straffer Ablauf wichtig. So vermeiden Sie, daß das Gespräch ausufert oder auf Nebengeleise gerät. Wer sich im persönlichen Gespräch etwas schwertut, wird es als angenehm empfinden, daß der Ablauf des Treffens klar strukturiert ist. Je klarer der Ablauf der ersten Treffen ist, desto besser.

Aber kann ein straff strukturierter Ablauf nicht das offene Gespräch abwürgen?

Natürlich muß man im Einzelfall abwägen, ob die Struktur jetzt wichtiger ist als das Gespräch, das sich gerade entwickelt. Achten Sie aber unbedingt darauf, den „roten Faden" zu behalten.

SERENDIPITY-Kurse zielen darauf, das Gespräch auf das Wesentliche zu lenken und die persönlichen Aspekte, Anliegen und Bedürfnisse ins Spiel zu bringen. Wenn es das Ziel ist, die Gruppenmitglieder zu tieferer Kommunikation untereinander und zu einer engeren Verbindung mit Gott zu führen, dann ist ein strukturierter Ablauf eine wichtige Hilfe.

- **Keine Angst vor Kleinstgruppen.** Für das Bibelgespäch kann es hilfreich sein, eine größere Gruppe in Vierergruppen aufzuteilen.

Das hat sowohl Vor- als auch Nachteile; Sie müssen entscheiden, ob es für Ihre Gruppe sinnvoll ist.

Vorteile

Viele Menschen fühlen sich in einer so kleinen Gruppe sicherer. Es fällt ihnen leichter, sich am Gespräch zu beteiligen. Außerdem ist gewährleistet, daß jeder innerhalb der vereinbarten Zeit zu Wort kommt.

Nachteile

Es kann länger dauern, bis man alle Teilnehmer der Gesamtgruppe kennt, weil man erst nach mehreren Treffen mit jedem einmal in einer Vierergruppe gewesen ist. Außerdem gibt es Wiederholungen: Anliegen, die in der Kleingruppe bereits vorgebracht wurden, werden u.U. später noch einmal genannt. Jede Vierergruppe möchte vielleicht auch im großen Kreis das Wichtigste aus ihrem Gespräch zusammenfassen.

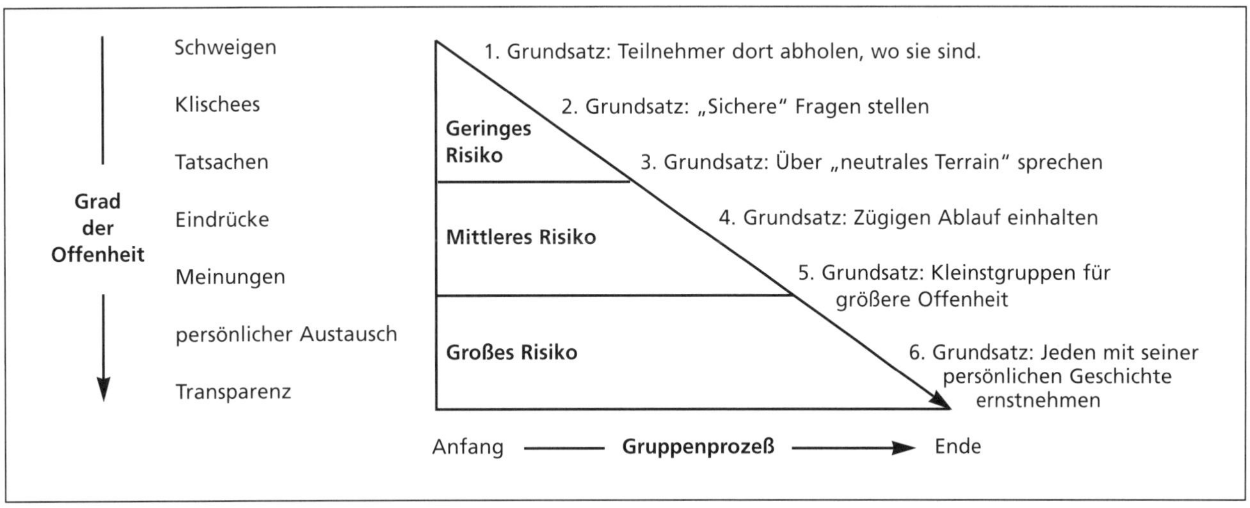

Materialien für Kleingruppen finden Sie auf der hinteren Umschlagseite dieses Heftes.

Wie findet eine Gruppe heraus, was „ihre Sache" ist?

Eine gesunde Gruppe braucht als drittes Standbein eine **konkrete Aufgabe**. Es ist gerade die Chance von lebendigen Kleingruppen, daß sie flexibel auf Bedürfnisse der Gruppe, der Gemeinde, der Umgebung oder der Gesellschaft reagieren kann. Welche Aufgabe sie wahrnehmen will, ist jeder Gruppe überlassen. Grundsätzlich gilt aber, daß eine gemeinsame Aufgabe das Gruppengefühl stärkt. Die Zusammenarbeit an einem konkreten Projekt ermöglicht intensive Gemeinschaftserfahrungen, die im „Schutzraum" des Gesprächskreises so nicht möglich sind.

Notieren Sie unten einige Aufgaben, die auf Mitarbeiter warten und die möglicherweise für Ihre Kleingruppe in Frage kommen.

Vertiefung und Wiederholung zu Lektion 3

Bibelstudium

Die **frühe Kirche** übernahm die Gemeinschaftsorientierung, die zum jüdischen Leben gehörte und auch im Leben Jesu bestand. Die Apostelgeschichte berichtet, daß sich die erste Gemeinde in verschiedenen Häusern traf (Apostelgeschichte 2,46; 5,42; 8,3; 20,20.21). Ausdrücklich wird betont, wie wichtig neben der öffentlichen Gottesdienstversammlung die Begegnung im persönlichen, vertrauteren Rahmen des Privathauses ist. Apostelgeschichte 2,42-47 nennt dies als die beiden wichtigsten Aufgabenbereiche der jungen Gemeinde:

1. Gemeinsamer Gottesdienst
2. Gemeinschaft in den Häusern.

„Diese ersten Christen ließen sich regelmäßig von den Aposteln unterrichten und lebten in brüderlicher Gemeinschaft, feierten das Abendmahl und beteten miteinander. Eine tiefe Ehrfurcht vor Gott erfüllte sie alle. Er wirkte durch die Apostel viele Wunder und bestätigte auf diese Weise ihre Worte. Die Gläubigen lebten wie in einer großen Familie. Was sie besaßen, gehörte ihnen gemeinsam. Wer ein Grundstück oder anderen Besitz hatte, verkaufte ihn und half mit dem Geld denen, die in Not waren. Täglich kamen sie im Tempel zusammen und feierten in den Häusern das Abendmahl. In großer Freude und mit aufrichtigem Herzen trafen sie sich zu gemeinsamen Mahlzeiten. Sie lobten Gott und waren im ganzen Volk geachtet und anerkannt. Die Gemeinde wurde mit jedem Tag größer, weil Gott viele Menschen rettete."

Vertiefung

Die folgenden Fragen geben Ihnen die Gelegenheit, das in Lektion 3 Gelernte noch einmal zu wiederholen.

1. *Für den erfolgreichen Ablauf eines Gruppentreffens ist es wichtig, eine Atmosphäre des Vertrauens und der Offenheit entstehen zu lassen. Können Sie sich an eine Situation erinnern, in der man von Ihnen Offenheit erwartete, Sie dazu aber noch nicht in der Lage waren oder sich bedrängt fühlten? Was war das für eine Situation?*

2. *Können Sie sich an eine Situation erinnern, in der Sie in einer Gruppe gern etwas Persönliches von sich erzählt hätten, die anderen aber überhaupt nicht daran interessiert waren? Was haben Sie empfunden?*

3. *Was unterscheidet Ihrer Meinung nach eine Selbsthilfegruppe auf christlicher Basis von anderen Selbsthilfegruppen?*

Vorbereitung

Die folgenden Fragen dienen der Vorbereitung auf Lektion 4.

1. *Was für eine Art von Gruppe würden Sie gern leiten? Welchen Typ von Gruppe würden Sie lieber nicht leiten?*

2. *Wie gehen Sie normalerweise mit Konflikten in Ihren Beziehungen um?*

3. *Wenn Sie eine Gruppe leiten, woran messen Sie, ob Sie dabei gute Arbeit leisten?*

LEKTION 4

In Lektion 4 sprechen wir über folgende Fragen:

- ***Wann ist eine Gruppe „gesund"?***
- ***Was tun, wenn es Probleme gibt?***
- ***Spaß muß sein!***
- ***Vertiefung und Wiederholung***

Wann ist eine Gruppe „gesund"?

Die folgende Aufstellung nennt einige Merkmale von gesunden Gruppen. Kreuzen Sie die Merkmale an, die Sie gern in einer Kleingruppe hätten, die Sie leiten, oder vergeben Sie Prioritäten: 1 = höchste Priorität; 2 = geringe Priorität; – = unwesentlich. Können Sie wichtige Merkmale ergänzen?

❑ **Ein klares Ziel:** Die Gruppe muß wissen, mit welchem Ziel sie sich trifft und wie sie ihr Ziel erreichen kann. Eine Zielsetzung kommt am ehesten zustande, wenn zwei oder drei Personen mit einem ähnlichen Anliegen zusammenkommen, die wiederum weitere Teilnehmer einladen.

❑ **Geeignete Leiter:** Der oder die Leiter/innen haben eine ganz entscheidende Funktion im Gruppenleben. Als Leiter geeignet ist jemand, der einige Erfahrung im Glauben hat, sich gut vorbereitet und das Gruppengeschehen aktiv gestaltet. Ein guter Leiter fällt nicht vom Himmel. Er ist auf seine Aufgabe vorbereitet worden, lernt weiter durch das konkrete Tun und erfährt Unterstützung durch die Gemeindeleitung.

- ❑ **Schulung von Leitungsfähigkeiten:** Eine Gruppe sollte nicht von einer einzigen Person abhängig sein. Die Gruppe ist der ideale Ort, Talente unter den Teilnehmern zu entdecken. Sie werden ermutigt, ihre eigenen Leitungsfähigkeiten zu entwickeln.

- ❑ **Lohnende Inhalte:** Die Gesprächsinhalte sind interessant und betreffen die Teilnehmer. Sie sind auf die Ziele der Gruppe bezogen. Wenn Sie Material für Kleingruppen auswählen, achten Sie darauf, daß es nicht nur den biblischen Themen Rechnung trägt, sondern auch den Gruppenprozeß der Gemeinschaftsbildung berücksichtigt.

- ❑ **Wachsende Offenheit und Anteilnahme:** Ein Ziel jeder christlichen Kleingruppe ist es, den Umgang miteinander aus der Liebe zu gestalten. Im Laufe der Zeit wachsen Vertrauen und Offenheit untereinander. Wenn Konflikte auftreten, werden sie nicht unter den Teppich gekehrt, sondern offen angesprochen. Gemeinsam bewältigte Konflikte stärken die Zusammengehörigkeit und vertiefen das Vertrauen und die gegenseitige Achtung.

- ❑ **Ein Blick „über den Tellerrand":** Der symbolische freie Platz dient als Gedächtnisstütze dafür, daß es irgendwo Leute gibt, für die diese Gruppe genau das Richtige wäre. Eine Gruppe, die Ausschau hält nach Menschen, die sie einladen könnte, und um neue Mitglieder betet, entwickelt ein Gespür für einen Lebensstil, durch den sie das Evangelium weiterträgt.

- ❑ **Konkrete Aufgabe:** Eine gesunde Gruppe ist fähig, über ihren Tellerrand hinauszusehen und sich im Auftrag Jesu für andere einzusetzen.

- ❑ **Christus in der Mitte:** Wir sind zur Nachfolge Jesu berufen. Eine christliche Gruppe wird deshalb Zeit verwenden auf das gemeinsame Gebet und den Austausch untereinander.

- ❑ **Ein guter Start:** Ein bewußt gestalteter und gelungener Start bietet eine gute Grundlage für eine gesunde Gruppe. Dazu gehören gründliche Planung und Vorbereitung (auch im Gebet) und ein ehrliches Gesprächsklima unter den Teilnehmern.

- ❑ ______________________________

- ❑ ______________________________

Was tun, wenn es Probleme gibt?

Die folgenden Beispiele verdeutlichen einige der häufigsten Probleme, die Ihnen in einer Gruppe begegnen können.

MICHAEL

Michael ist ein Typ, der jeden Gedanken, der ihm durch den Kopf schießt, sofort loswerden muß. Er ist dafür bekannt, daß er das Gespräch nahezu allein beherrscht. Andere kommen kaum zu Wort. Unruhe und Unmut machen sich bemerkbar, und einige sind bald so weit, überhaupt nicht mehr zu kommen. Was würden Sie unternehmen, um Raum für die anderen Teilnehmer zu schaffen, ohne Michael zu verletzen?

PHILIPP

Phillipp war während der ersten Treffen der Elterngruppe ziemlich schweigsam gewesen. Als jedoch die Rede auf Disziplin kommt, wird er munter. Er erklärt, daß er gelegentlich seinen beiden Söhnen, 14 und 16 Jahre alt, „die Flausen austreiben" muß. Auf die Frage: „Was meinst du damit?" antwortet er, daß er manchmal zuschlägt, „aber nur, wenn sie mich so richtig provozieren." Einige Teilnehmer schnappen nach Luft, und der Rest schüttelt den Kopf. Wie soll sich der Gruppenleiter verhalten?

KARIN

Der Ehepaar-Kreis, der nun über ein Jahr besteht, spricht gerade über Kommunikation in der Partnerschaft. Das ist für Karin der Anlaß, über Schwierigkeiten in ihrer Ehe zu sprechen. Dabei kommt auch eine frühere Affäre zur Sprache – mit einem Mann, mit dem sie sich wirklich unterhalten konnte. Peinliches Schweigen. Was soll der Gruppenleiter tun? Was würden Sie tun, wenn Karins Ehemann nicht anwesend wäre? Was würden Sie tun, wenn er anwesend wäre?

BETTINA

Es ist bekannt, daß Bettina schwer etwas für sich behalten kann. Jetzt scheint es, als habe sie auch über persönliche Angelegenheiten von Gruppenmitgliedern mit Außenstehenden geredet, und zwar mit Namensnennung. Die Gruppe ist empört und einige fragen sich, ob demnächst alles, was sie im Vertrauen erzählt haben, am Stammtisch verhandelt werden wird. Was soll der Leiter tun?

1. *Haben Sie in einer Kleingruppe ähnliche Situationen erlebt? Was geschah? Was tat der Leiter? War die Lösung der Situation befriedigend?*

2. *Wie würden Sie sich in den beschriebenen Situationen als Gruppenleiter verhalten?*

Spaß muß sein!

Und schließlich soll das Ganze doch auch Spaß machen ...

Warum sollte jemand sich einer Gruppe anschließen, in der er sich langweilt oder mit den Leuten nicht warm wird? Spaß gehört dazu. Wie wär's also mit einem Spieleabend oder mit einer Fahrrad- oder Kanutour? Ein gemeinsames „stilles Wochenende" oder eine Wanderung sind weitere Möglichkeiten. Geselligkeit, Spaß und gemeinsame Erlebnisse bringen etwas vom „richtigen Leben" in die Gruppe und lassen Freundschaft wachsen. Einander mal anders zu erleben als im Gespräch in der Runde bringt oft ganz neue Saiten im Miteinander zum Klingen. Gerade am Anfang ist es meist der Gruppenleiter, der zu solchen Unternehmungen anregt.

Die Zusammengehörigkeit der Gruppe wächst, wenn auch zwischen den einzelnen Treffen etwas gemeinsam unternommen wird. Hier ein paar Vorschläge, wie Sie auch zwischendurch in Kontakt miteinander bleiben können:

- Nutzen Sie das **Telefon**. Rufen Sie einfach jemanden aus Ihrer Gruppe an, und fragen, wie es ihm/ihr geht, oder signalisieren Sie, daß Sie noch über etwas nachdenken, was er/sie vielleicht beim letzten Treffen gesagt hat. Lassen Sie erkennen, daß der/die andere Ihnen wichtig ist. Wenn beim letzten Treffen jemand auffallend still war, übersehen wurde oder nicht da war, rufen Sie an und sagen Sie ihm/ihr etwas Mutmachendes.

- Laden Sie jemanden aus Ihrer Gruppe zum **Essen** ein, einfach so.

- Setzen Sie sich im **Gottesdienst nebeneinander**. Essen Sie anschließend eventuell mit Ihren Familien gemeinsam zu Mittag.

- Schreiben Sie einen **kleinen Gruß und ein Dankeschön**, wenn jemand Ihnen eine wertvolle Anregung gegeben hat oder etwas, was er oder sie gesagt hat, für Sie hilfreich oder einfach schön gewesen ist.

- Planen Sie **einen besonderen Tag** oder Abend mit den Familien aller Teilnehmer. Möglichkeiten gibt es genug: Man kann zusammen kegeln, picknicken, schwimmen, ins Kino oder Konzert gehen, einen Zirkus besuchen, Weihnachtslieder singen, Waffeln backen, ein besonderes Abendessen vorbereiten, Eisessen gehen oder einen Grillabend veranstalten – und das ist nur eine kleine Auswahl. Ihre Gruppe kann diese Liste sicher verlängern.

- Manche Gruppen veranstalten hin und wieder einen **Spieleabend**. Hier sind Ihrem Einfallsreichtum keine Grenzen gesetzt. Sie können Stegreif-Theater spielen, Gesellschaftsspiele machen, Gruppenspiele, Quizabende und Spielshows erfinden, Volkstänze einüben usw.

- Machen Sie einen **Tages- oder Wochenendausflug**. Das ist eine großartige Gelegenheit, als Gruppe zusammenzuwachsen. Man kann sich beispielsweise in ein Freizeitheim zurückziehen, gemeinsam eine schöne Stadt erkunden – oder warum nicht mal zusammen zelten?!

Beachten Sie dabei: Tage mit einem besonderen Programm sind eine gute Gelegenheit, neue Mitglieder einzuladen.

Vertiefung und Wiederholung zu Lektion 4

Bibelstudium

Der **Apostel Paulus** gründete in der griechisch-römischen Welt zahlreiche Gemeinden, und fast alle trafen sich in Häusern (Römer 16,5; 1.Korinther 16,19; Philipper 4,22; Kolosser 4,15; Philemon 2). Die Urkirche war offensichtlich sehr beziehungsorientiert – ein Kennzeichen, das es heute wieder zu entdecken gilt.

Die Briefe des Neuen Testamentes waren an Menschen gerichtet, deren christliches Leben sich in kleinen Gemeinschaften, in Kleingruppen, gestaltete. Meist trafen sich diese Gruppen in den Häusern einzelner Gemeindeglieder. Kleingruppen spielten in der Urkirche eine tragende Rolle.

Es ist faszinierend, wie das Neue Testament die Beziehungen der ersten Christen zueinander beschreibt. Diese Art von Beziehung war möglich in einem Kontext enger Gemeinschaft in überschaubaren Gruppen. Wenn Sie die folgenden Briefauszüge lesen (die sich ja an die Gemeinden richteten, nicht an einzelne), versuchen Sie, sich – möglichst lebhaft – vorzustellen, wie man in diesen Gemeinden miteinander umging:

- **Familiäre Atmosphäre**. Das Neue Testament gebraucht eine Vielzahl von Ausdrücken aus dem Bereich der (damaligen) Familiengemeinschaft, um die Gemeinde und ihre Beziehungen untereinander zu beschreiben. Wir finden Worte wie: Bruder, Schwester, Kinder, Vater, Mutter usw.

1. *a) Was wollen die Verfasser der neutestamentlichen Briefe mit solchen Bezeichnungen zum Ausdruck bringen?*
b) Was würde geschehen, wenn eine Gruppe in der Gemeinde tatsächlich so miteinander leben würde, wie es diese Begriffe nahelegen?

- **Anteilnahme.** „Leidet ein Teil des Körpers, so leiden alle anderen mit, und wird ein Teil gelobt, freuen sich auch alle anderen" (1. Korinther 12,26).

2. *Was würde sich im Leben von einzelnen und von Gemeinden ändern, wenn Freude und Leid in dieser Weise geteilt würden?*

- **Jeder steuert etwas bei.** „Wie auch immer sich die Gaben des Heiligen Geistes bei jedem einzelnen von euch zeigen, sie sind zum Nutzen der ganzen Gemeinde bestimmt" (1. Korinther 12,7). Zwei Kapitel weiter lesen wir: „Wenn ihr zusammenkommt, hat jeder etwas beizutragen: Einige singen ein Loblied, andere legen Gottes Wort aus. Einige geben weiter, was Gott ihnen klargemacht hat, andere beten in unbekannten Sprachen, die dann für alle ausgelegt werden. Wichtig ist, daß alles zum Aufbau der Gemeinde geschieht" (14,26).

3. *a) Die Kleingruppe ist der ideale Ort, wo jede und jeder den anderen Anteil geben kann an den eigenen Lebens- und Glaubenserfahrungen. Wie, glauben Sie, wirkt sich diese Art der offenen Anteilnahme auf eine Gruppe aus?*
b) Welche Auswirkungen kann dies über die Gruppe hinaus haben?

- **Gemeinsames Gebet.** In Briefen an verschiedene Gemeinden, die bei den Treffen in den Häusern vorgelesen wurden, wird das Gebet häufig erwähnt. Leider lesen wir diese Sätze meist so, als seien sie an einzelne gerichtet; es ist jedoch meist die ganze Gemeinde angesprochen.

4. *a) Braucht eine Gruppe das gemeinsame Gebet?*
b) Welche Erfahrungen haben Sie mit dem gemeinsamen Beten gemacht?
c) Wie könnte das Gebet in der Gruppe neu aktiviert werden?

Vertiefung

Diese Fragen geben Ihnen die Möglichkeit, einzelne Aspekte dieser Lektion noch einmal für sich zu bedenken.

1. *Überdenken Sie die Kennzeichen einer gesunden Gruppe. Fallen Ihnen weitere Dinge ein, die Hinweise darauf geben, daß es in einer Gruppe Probleme gibt?*

2. *Was haben Sie empfunden, als Sie die Beispiele für verschiedene Probleme lasen, die in einer Gruppe auftauchen können?*

Vorbereitung

Die folgenden Fragen helfen Ihnen, sich auf Lektion 5 vorzubereiten.

1. *Waren Sie schon einmal in einer Gruppe, von der man den Eindruck hatte, daß sie im Laufe der Zeit mehr und mehr zusammenwuchs und „reifer" wurde? Was passierte da? Wie war es am Anfang in dieser Gruppe? Und später?*

2. *Waren Sie schon einmal der/die „Neue" in einer Gruppe oder Klasse? Wie haben Sie sich da gefühlt?*

3. *Ist man in den Veranstaltungen Ihrer Gemeinde, an denen Sie zur Zeit teilnehmen, darum bemüht, neue Teilnehmer zu gewinnen? Wie äußert sich das?*

LEKTION 5

Um diese Fragen geht es in Lektion 5:

- ***Kann eine Gruppe „erwachsen" werden?***
- ***Welche Auswirkung hat der Gruppenprozeß auf die Programmgestaltung?***
- ***Muß eine Gruppe grundsätzlich offen sein für neue Teilnehmer?***
- ***Vertiefung und Wiederholung***

Kann eine Gruppe „erwachsen" werden?

Leben heißt Bewegung. Entwicklungsstadien werden durchschritten, Veränderungen finden statt. Jeder lebendige Organismus hat einen eigenen Lebenszyklus. Das gilt auch für Gruppen. Der Lebenszyklus einer Gruppe ist mindestens so spannend wie der von einzelnen oder Familien.

Welche Phasen durchläuft eine Gruppe in ihrem Lebenszyklus?

Im folgenden wollen wir uns mit verschiedenen Entwicklungsphasen beschäftigen, die eine Gruppe durchläuft.

Phase 1

Geburt und Kleinkindalter (1. Monat)
Die Idee, eine **Gruppe zu gründen**, hat gezündet. Man hat sich bereits einige Male getroffen. In dieser Anfangsphase ist die Gruppe stark angewiesen auf den Leiter. Die Teilnehmer sind hoch motiviert, wissen aber noch nicht so recht, was eigentlich auf sie zukommt. Man ist damit beschäftigt, sich gegenseitig kennenzulernen. Langsam kommt Freude auf; neue Beziehungen entstehen. Man kommt einander näher.

Phase 2

Kindheit (2.-3. Monat)
Die Gruppe bekommt allmählich ihre **eigene Identität** und ihr Profil. In dieser Phase bildet sich ein Verhaltenskodex der Gruppe. Der Ablauf der Treffen hat sich eingespielt und bildet einen akzeptierten Rahmen, auch wenn man für die Durchführung noch stark auf den Gruppenleiter baut. Beziehungen zwischen einzelnen werden vertieft; bestimmte Rollen und Verhaltensmuster kristallisieren sich heraus. Für den Leiter bedeutet es eine Herausforderung, die Gruppe ihre eigene Identität finden und bestimmen zu lassen.

Phase 3

Jugend (3.-5. Monat)
Eine Zeit der **Infragestellung** – es gibt Rückfragen oder auch Kritik an dem bisher eingespielten Ablauf oder an anderen Punkten. Man entscheidet, wie nah man dem anderen kommen möchte, wie weit man ihm vertrauen will. Der Leiter tut gut daran, diese Fragen zuzulassen und offen zu sein für Korrektur. Es ist wichtig zu erkennen, daß ein gewisses Maß an Konflikten unentbehrlich ist, wenn man tiefe Beziehungen aufbauen möchte.

Phase 4

Erwachsenenalter (5.-18. Monat)
Die Gruppe hat eine **Eigendynamik** entwickelt; sie erfüllt ihren Zweck für alle Teilnehmer. Der Leiter kann die Begeisterung am Leben erhalten, indem er das Wasser der guten Gemeinschaft, die inzwischen entstanden ist, immer wieder auf die Mühlen der gemeinsamen Zielsetzung leitet. Die Atmosphäre ist zwanglos und offen. Man sieht sich u. U. auch außerhalb der Gruppentreffen zu gemeinsamen Aktivitäten. Die Teilnehmer stehen hinter den Zielen und halten sich aus innerer Überzeugung an die „Spielregeln".

Phase 5

Reife (18. Monat +)
Jetzt kommt für die Gruppe noch einmal ein **kritischer Zeitpunkt**. Entweder findet sie zu einer Neuorientierung und erhält dadurch neue Motivation, oder aber das Interesse geht verloren, Mitglieder springen ab, und die Gruppe löst sich schließlich ganz auf. Aufgabe des Leiters ist es jetzt, der Gruppe eine neue Perspektive zu vermitteln, oder aber zu erkennen, daß der Zeitpunkt gekommen ist, an dem sich die Gruppe auflösen sollte – und dann auch diesen Abschied bewußt zu gestalten. Eine bedeutende Aufgabe des Leiters ist in diesem Stadium, der Gruppe oder einzelnen Mitgliedern zu helfen, ihre neue „Leidenschaft" zu entdecken, so daß die Gruppe oder jede/r einzelne einen Weg findet, wie es nun weitergeht.

Welche Auswirkungen hat der Gruppenprozeß auf die Programmgestaltung?

Wir haben bereits die drei Standbeine kennengelernt, die eine gesunde Gruppe braucht (erinnern Sie sich: der dreibeinige Stuhl). Jetzt soll es darum gehen, wie man diese Grundelemente am besten „dosiert". Das hängt davon ab, an welcher Stelle im Lebenszyklus eine Gruppe sich gerade befindet.

Flexibler Programmablauf

Eine Gruppe will sich z.B. zunächst für ein halbes Jahr treffen. Die Skizze unten illustriert die unterschiedliche Gewichtung der Einzelelemente. In der Anfangszeit widmet die Gruppe die meiste Zeit dem Aufbau der Beziehungen. Wenn die Gruppe zusammengewachsen ist, werden das Themengespräch und die gemeinsamen Aktivitäten größeren Raum einnehmen. Gegen Ende des vereinbarten Zeitraumes werden wieder Fragen wichtig, die mit dem Gruppenprozeß und den Beziehungen untereinander zu tun haben. Dann muß entschieden werden, ob die Gruppe sich auflöst oder mit neuen Perspektiven weitermacht.

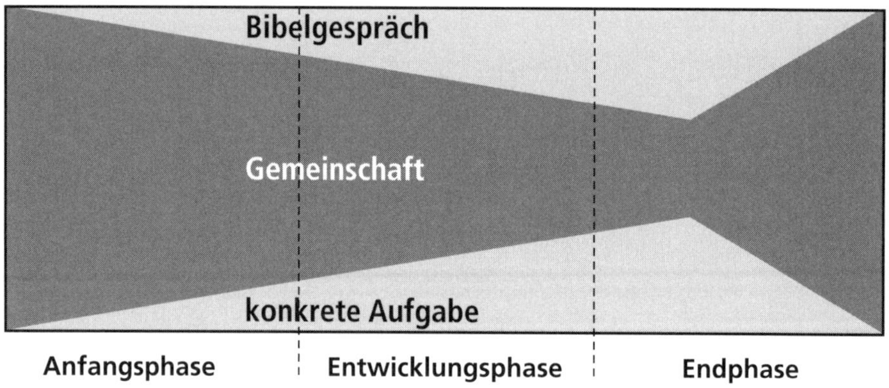

Schauen wir uns den Lebenszyklus einer Gruppe noch genauer an.

- In der **Anfangsphase** geht es darum, zu einer Gruppe zusammenzuwachsen.

- In der **Entwicklungsphase** geht es darum, im Glaubensleben und in der persönlichen Entwicklung voranzukommen – und darum, sich gegenseitig auf diesem Weg zu unterstützen.

- In der **Endphase** geht es um Rückblick und Auswertung; idealerweise wird die Gruppe zur Kernzelle, die sich teilt und andere Menschen in neuen Gruppen erreicht.

Der momentane Standort im Gruppenprozeß hat auch Auswirkungen auf den Umgang mit biblischen Texten. So nimmt in der Anfangsphase die Frage nach Parallelen und Verbindungen zur persönlichen Geschichte der Teilnehmer besonders viel Raum ein.

Anfangsphase
Zweck: Zu einer Gruppe zusammenwachsen

Entwicklungsphase
Zweck: Im Glauben und in der persönlichen Entwicklung wachsen

Endphase
Zweck: Rückblick, Auswertung und Neuanfang, evt. in neuen Gruppen

Muß eine Gruppe grundsätzlich offen sein für neue Teilnehmer?

Es ist wichtig, darüber zu sprechen, ob eine Gruppe für neue Mitglieder offen sein will oder nicht. Die Erfahrung zeigt, daß die Bereitschaft, neue Teilnehmer aufzunehmen, nachläßt, je besser die Gruppe zusammenwächst. Wenn man sich erst einmal wohlfühlt, möchte man nicht schon wieder durch eine neue Gruppenzusammensetzung Unruhe schaffen.

Flexible Vereinbarungen

Wir haben bereits über die Gruppenvereinbarung gesprochen. Flexible Vereinbarungen sind solche, die von Zeit zu Zeit neu ausgehandelt werden können. Wenn die Gruppe sich auf bestimmte Spielregeln geeinigt hat, wird gleichzeitig festgesetzt, wie lange diese gelten sollen (sechs Wochen oder zwölf Wochen zum Beispiel). Nach Ablauf dieser Zeit wird erneut darüber gesprochen und die Vereinbarung entweder bestätigt oder eine neue getroffen.

Flexible Vereinbarungen helfen auch in der Frage, ob eine Gruppe prinzipiell offen sein soll oder nicht. Zum Beispiel kann eine Gruppe festlegen, nur während der ersten Wochen neue Mitglieder auzunehmen. Mit dieser Lösung bejaht sie grundsätzlich das Anliegen, „Multiplikator" zu sein, und erkennt zugleich die Tatsache an, daß die Gemeinschaftsbildung innerhalb der Gruppe nicht allzu häufig durch „Newcomer" unterbrochen werden darf. Sie gibt außerdem die Möglichkeit, die Gruppe am Ende der ersten „Etappe" in gutem Einvernehmen zu verlassen.

Flexible Vereinbarung

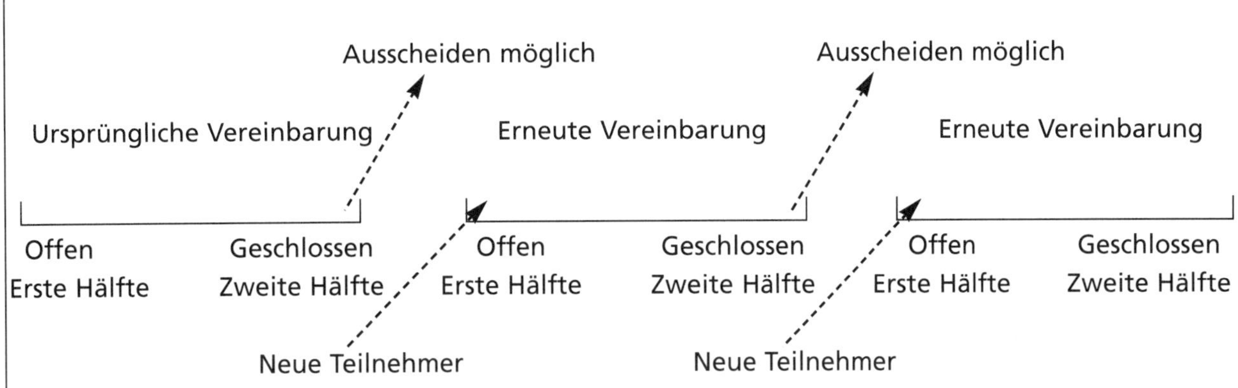

Der freie Platz

Der freie Platz ist ein Symbol für den Wunsch, als Gruppe Anlaufstelle für weitere Teilnehmer zu sein. Er erinnert die Gruppe daran, daß es möglicherweise noch mehr Menschen in ihrer Umgebung gibt, die gerade das suchen, was die Gruppe anbieten kann. Ob Sie diesen Stuhl tatsächlich in die Runde stellen oder nicht, ist natürlich Ihre Sache. Aber sichtbare Symbole sind oft sehr hilfreich. Stellen Sie ruhig einen leeren Stuhl in die Runde, und beten Sie darum, daß der Platz beim nächsten Treffen besetzt ist.

Neue Teilnehmer willkommen heißen

Wenn jemand neu in die Gruppe kommt, ist es wichtig, daß er sich bald wohlfühlt. Das gilt besonders, wenn die anderen sich bereits kennen. Der erste Schritt dazu, daß jemand sich „wie zu Hause" fühlen kann, besteht darin, sich in die Lage eines „Neulings" hineinzuversetzen. Wenn die Entscheidung für Offenheit gefallen ist, sollten sich alle Teilnehmer darum bemühen, Gästen und neuen Teilnehmern das Gefühl zu vermitteln, willkommen zu sein. Hier ein paar Vorschläge, wie das gelingen kann:

- Der **Leiter** als „Organisator" der Kleingruppe ist die **Kontaktperson** für neue Gruppenmitglieder. Er ergreift die Initiative, um neue Mitglieder in die Gruppe einzuführen. Entweder bittet er die neuen Teilnehmer, ein paar Dinge über sich zu sagen, oder er stellt sie selbst mit ein paar Worten kurz vor. Wer darin begabt ist, kann auch ein spontanes, zwangloses Kurz-Interview führen. Natürlich müssen die „Neuen" auch etwas über die anderen Teilnehmer erfahren.

- Neue Teilnehmer müssen etwas über die **Gruppenvereinbarung** erfahren. Nur so kann jemand entscheiden, ob diese Gruppe das Richtige für ihn ist.

- Geben Sie im Lauf des Treffens neuen Teilnehmern ein paar Minuten Zeit, **ein wenig von sich zu erzählen**. Das kann auf verschiedene Weise geschehen, aber achten Sie darauf, daß niemand das Gefühl bekommt, auf einer Art Prüfstand zu stehen. Behalten Sie im Blick, daß es Zeit braucht, bis jemand in einer neuen Gruppe genauso offen und vertraut ist wie diejenigen, die schon länger zusammen sind.

- Eine Gruppe kann auch **bestimmte „Einstiegstermine"** festlegen, zu denen Interessierte hinzukommen können. Das wird meist bei einer Übergangsphase im Gruppenprozeß passieren – oder auch vom jeweiligen Thema abhängig sein.

- Weisen Sie darauf hin, daß ein neuer Teilnehmer **der Gruppe nicht beitreten muß**. Jeder kann sich nach dem Hereinschnuppern frei entscheiden, ob er bleiben will oder nicht. Nicht jede Gruppe paßt zu jeder Person – und umgekehrt.

Wollen wir gezielt auf eine „Vervielfältigung" durch Teilung von Gruppen hinarbeiten?

Daß „gewachsene" Gruppen sich teilen und so weitere Mitglieder aufnehmen können, bedeutet eine Wachstumschance. Die Teilung der Gruppe ist ein lohnendes Ziel – aber sie ist immer auch mit Abschiedsschmerz und Unsicherheit verbunden. Deshalb ist es gut, wenn Leiter und Teilnehmer auch die positiven Seiten einer Gruppenteilung kennen und verstehen.

***1.** a) Welche Einwände gegen die Teilung einer Gruppe haben Sie? Welche erwarten Sie von Gruppenteilnehmern?*
b) Was kann eine Gruppe gewinnen, wenn sie sich teilt?

Argumente contra Teilung:	Argumente pro Teilung:

Vertiefung und Wiederholung zu Lektion 5

Bibelstudium

Einander! Einer für den anderen! Gemeinsam! Ein paar kleine Worte, die gewaltige Auswirkungen für die Gemeinde haben. In den Briefen des Neuen Testamentes stoßen wir immer wieder auf solche Formulierungen. Immer werden damit Verhaltensweisen beschrieben, die für die Mitglieder einer christlichen Gemeinde erstrebenswert sind. Eine Kleingruppe ist der ideale Ort, diese Art von Gemeinschaft einzuüben. Wenn Sie die folgenden Formulierungen lesen, schreiben Sie jeweils dazu, wie Ihrer Meinung nach dieses „Einander" in der Gruppe verwirklicht werden könnte.

„In herzlicher Liebe sollt ihr miteinander verbunden sein, und gegenseitige Achtung soll euer Zusammenleben bestimmen." Römer 12,10

„Jeder soll dem anderen mit der Begabung dienen, die Gott ihm gegeben hat." 1.Petrus 4,10

„Wenn uns Gott so sehr liebt, dann müssen auch wir einander lieben." 1. Johannes 4,11

„Haltet Frieden miteinander!" Markus 9,50

„Kümmert euch um die Schwierigkeiten und Probleme des anderen, und tragt die Last gemeinsam." Galater 6,2

„... eine Einheit, in der jeder ... für den anderen da ist" 1.Korinther 12,25

„Seid ... freundlich und barmherzig, immer bereit, einander zu vergeben ..." Epheser 4,32

„Ermutigt und ermahnt euch gegenseitig ..." Kolosser 3,16

Vertiefung

Die folgenden Fragen geben Ihnen die Möglichkeit, wichtige Punkte aus Lektion 5 noch einmal zu überdenken.

1. *Führen Sie sich noch einmal die Phasen im Lebenszyklus einer Gruppe vor Augen. Welche besonderen Schwierigkeiten entstehen in den einzelnen Phasen? Worauf muß der Leiter jeweils besonders achten?*

	Kernproblem	Leiteraktivität
1.		
2.		
3.		
4.		
5.		

2. *Wie wollen Sie für Ihre Gruppe die Frage der Offenheit für neue Teilnehmer lösen? Welche Entscheidungshilfen können Sie den Teilnehmern Ihrer Gruppe in dieser Frage geben?*

3. *Welche Konsequenzen hat es, wenn einige Mitglieder aus der bestehenden Gruppe ausscheiden, um eine neue zu bilden?*

Vorbereitung

Hier noch ein paar Fragen zur Vorbereitung auf die folgende Lektion.

1. *Erinnern Sie sich an Erfahrungen, die Sie bereits mit der Leitung anderer Gruppen gemacht haben, sei es in Gesprächskreisen, beim Kindergottesdienst oder ähnlichem. Wie ging es Ihnen mit dem ersten Treffen? Wie haben Sie sich vorbereitet?*

2. *Gab es in Ihrem Leben eine Beziehung, die auf unerfreuliche Weise beendet wurde? Was geschah damals? Hätte das böse Ende verhindert werden können? Wie?*

3. *Welche Unterstützung wünschen Sie sich als Gruppenleiter/in von Ihrer Gemeinde?*

LEKTION 6

Dies ist die letzte Lektion. Darin geht es um folgende Fragen:

- *Was erwarten Menschen von einer Kleingruppe?*
- *Wie beginnt man eine Gruppe?*
- *Wie löst sich eine Gruppe harmonisch auf?*
- *Wie sieht Ihr Kleingruppen-Programm aus?*
- *Wo findet der Gruppenleiter Hilfe und Unterstützung?*
- *Vertiefung und Wiederholung*

Was erwarten Menschen von einer Klein-gruppe?

Was bringt Menschen dazu, sich einer Kleingruppe anzuschließen? Was erwarten sie? Unter welchen Bedingungen läßt sich jemand auf eine Kleingruppe ein?

Die folgenden Aussagen sind stark verallgemeinert, aber als Orientierungshilfe können sie gute Dienste leisten. Kreuzen Sie jeweils an, ob Sie die Aussage für zutreffend halten oder nicht.

Richtig Falsch

❑ ❑ Menschen suchen in Kleingruppen die Möglichkeit, persönliche Bedürfnisse zu befriedigen. Die Motivation liegt im persönlichen Nutzen (Was habe ich davon?).

❑ ❑ Jemand schließt sich einer Gruppe an, wenn er Ziele und Programm der Gruppe interessant und lohnend findet.

❑ ❑ Bevorzugt werden Gruppen, in der die Teilnehmer in Alter, Aussehen, Ansichten, Persönlichkeitsstruktur, wirtschaftlichem Status, geistigen Interessen, Fähigkeiten und Bedürfnissen möglichst verschieden sind.

❑ ❑ Gruppen, in denen die Teilnehmer sehr ähnlich sind (in Alter, Lebensstil, Geschlecht, Nationalität etc.) erweisen sich als effektiver und bereichernder für den einzelnen.

❑ ❑ Je größer die Gruppe ist, um so mehr engagieren sich die einzelnen Mitglieder.

❑ ❑ In größeren Gruppen fühlen Menschen sich wohler als in kleineren.

❑ ❑ Je kleiner die Gruppe, um so eher läßt sich die Leitung teilen. Je größer die Gruppe wird, desto höher wird die Wahrscheinlichkeit, daß sich alles auf einen Leiter konzentriert.

❑ ❑ Die Räume, in denen sich die Gruppe trifft, haben keinen Einfluß auf die Entwicklung der Gruppe. Für die Beteiligung am Gespräch oder Programm spielt der Ort des Treffens keine Rolle.

❑ ❑ Die soziale und psychologische Anpassungsfähigkeit der einzelnen Mitglieder hat eine direkte Auswirkung auf den Gruppenprozeß.

❑ ❑ Ob eine Gruppe erfolgreich ist, hängt wesentlich davon ab, welche Vorerfahrungen im Glauben die einzelnen Mitglieder besitzen.

❑ ❑ Teilnehmer sind stärker motiviert und setzen sich mehr ein, wenn ihre Gruppe klare Ziele formuliert und eine genaue Vorstellung davon hat, wie diese Ziele erreicht werden können.

❑ ❑ Verschiedene Aufgaben an einzelne zu delegieren, führt zu vertieften Beziehungen in der Gruppe.

Können Sie weitere Gesetzmäßigkeiten von Kleingruppen aus eigener Beobachtung ergänzen?

Wie beginnt man eine Gruppe?

„Sie haben nur einen einzigen Start, also sorgen Sie dafür, daß es ein guter Start wird."

Übernehmen Sie die Leitung einer Gruppe erst dann, wenn Sie sich wirklich dazu in der Lage fühlen. Bevor Sie dann tatsächlich eine Gruppe beginnen, gibt es eine Reihe von Vorbereitungsmaßnahmen:

- Für Christen besteht die erste **Vorbereitung auf jedes Tun im Gebet**. Hier gewinnen Sie die Gewißheit, daß Gott Sie für diese Aufgabe ruft und auch befähigen will.

- **Grundwissen wiederholen**. Denken Sie noch einmal über die Punkte dieses Kurses nach, an denen Sie sich noch unsicher fühlen. Für einen Start in einer neuen Aufgabe sollte man sich möglichst sicher fühlen – der Kurs bietet Ihnen so etwas wie das unentbehrliche Handwerkszeug, das man immer dabei haben sollte.

- Suchen sie sich **Gesprächspartner in Ihrer Gemeinde**. Idealerweise gibt es einen Kreis von Gruppenleitern oder Verantwortlichen für die Kleingruppenarbeit. Vor dem Start sollten Sie noch einmal folgende Fragen ansprechen: Wie geht es Ihnen im Blick auf die neue Gruppe? Welche Empfindungen haben Sie gegenüber dieser Aufgabe? Wann ist für Sie ein günstiger Zeitpunkt, mit einer Gruppe zu beginnen? Welche Art von Gruppe möchten Sie gern leiten? Welche Abende könnten Sie dafür zur Verfügung stellen? Wie ist diese Gruppe von der Gemeinde getragen und akzeptiert? Wie ist Ihre Arbeit in die gesamte Gemeindearbeit eingebunden?

- Jeder Gruppenleiter braucht **Unterstützung,** jemanden, der ihn vertreten kann. Suchen Sie sich also einen „zweiten Mann" bzw. eine „zweite Frau". Auf diese Weise wird auch die Teilung einer Gruppe erleichtert: es steht für beide Teile wieder ein Leiter zur Verfügung. Der neue Gruppenleiter braucht auch einen Gastgeber oder eine Gastgeberin. Meist stellt jemand aus der Gruppe seine Wohnung für die Treffen zur Verfügung – oder man trifft sich abwechselnd bei den verschiedenen Teilnehmern.

- Setzen sie sich mit Ihrem Co-Leiter zusammen und machen Sie eine **Teilnehmerliste**. Mögliche Interessenten sind vielleicht Freunde, Bekannte, Leute aus der Gemeinde, Nachbarn oder Kollegen. Wo zukünftige Gruppenmitglieder herkommen, hängt stark von Programm und Gestaltung der angebotenen Gruppe ab. Pfarrer oder Gemeindeleiter können sicher Ihre Liste der potentiellen Mitglieder ergänzen.

- Machen Sie Ihr Angebot bekannt – entweder im großen Stil, durch Abdruck im Gemeindebrief, Abkündigung oder Mund-zu-Mund-Propaganda. Nehmen Sie **Kontakt zu möglichen Mitgliedern** auf, am besten im persönlichen Gespräch. Meistens tut es auch ein informelles Telefongespräch. So lernen Sie einzelne bereits ein wenig kennen. Vor dem ersten Treffen ist es sinnvoll, eine Erinnerungskarte an mögliche Mitglieder zu schicken, in der Treffpunkt, Thema und sonstige Einzelheiten stehen.

Manchmal ist es wichtig, den Treffpunkt bestimmter Gruppen nicht bekanntzugeben, um die Anonymität der Teilnehmer zu wahren. Dann müssen die möglichen Gruppenmitglieder benachrichtigt werden, wo sich die Gruppe trifft.

- Informieren Sie sich über mögliches Material für die Gruppe. Besonders für die Einstiegsphase von Gruppen konzipiert sind die Hefte aus der Reihe SERENDIPITY-start. Hier finden Sie Gestaltungsvorschläge für sechs Gruppenabende zu unterschiedlichen Themen – abgestimmt auf Gruppen, deren Teilnehmer noch kaum Erfahrung mit Kleingruppen haben.

Das erste Treffen

Für das erste Treffen ist eine gute Vorbereitung besonders wichtig. Folgende Dinge müssen Sie vorher klären:

- Stellen Sie sicher, daß Sie einen Überblick darüber haben, wer kommen wird, möglichst eine vollständige Teilnehmerliste. Wenn Sie Teilnehmer durch persönliche Gespräche einladen, seien Sie aufmerksam dafür, was Sie in diesem Gespräch erfahren. So können Sie sich besser auf die Menschen einstellen, die beim ersten Treffen zusammenkommen werden. Gut ist es, wenn Sie möglichst jeden **mit Namen begrüßen** können.

- Seien Sie rechtzeitig am vereinbarten Treffpunkt. Falls das Treffen in einer Privatwohnung stattfindet, sollte der Ablauf mit dem **Gastgeber/der Gastgeberin** durchgesprochen und geklärt werden, welche Aufgaben er/sie dabei übernimmt. Überzeugen Sie sich davon, daß ausreichend Sitzplätze vorhanden sind und Sie jeden Teilnehmer ansehen können. Falls Sie später Vierergruppen bilden wollen, sollten Räumlichkeiten dafür vorhanden sein. Sorgen Sie dafür, daß der Raum frei von Störungen ist. Kleine Erfrischungen sind für das erste Treffen eine gute Idee.

- Wenn Sie mit fertigem **Material** arbeiten, sorgen Sie dafür, daß genügend Hefte vorhanden sind. Am besten ist es, wenn jeder Teilnehmer seine eigenen Unterlagen hat. Die Arbeitshefte gehen dann nicht so leicht verloren, und die Teilnehmer haben schon ein wenig in die neue Gruppe investiert. **Bleistifte** zurechtzulegen, könnte auch eine gute Idee sein.

- Seien Sie als Leiter darauf vorbereitet, das **Treffen zu leiten**. Haben Sie ein „Programm"? Haben Sie sich mit den einzelnen Phasen des Treffens vertraut gemacht (etwas Lockeres zum „Auftauen", ein Gespräch zum Thema oder über einen Bibeltext und einen Teil zum persönlichen Austausch)? Sind genügend Kopien für alle vorhanden, wenn es um die „Spielregeln", die Gruppenvereinbarung geht? Denken Sie daran: Ein gut organisiertes und gelungenes Treffen bestimmt die Atmosphäre für die kommende Zeit – und leistet auch noch ein Stück Überzeugungsarbeit für eventuell noch unentschlossene Teilnehmer.

- **Begrüßen** Sie jeden Teilnehmer. Stellen Sie ihn entweder selbst vor, oder planen Sie eine Vorstellungsrunde, in der jeder sich selbst oder einen anderen Teilnehmer vorstellt. Namen, Beruf und Alter sollten alle Teilnehmer am Ende des Treffens voneinander kennen.

- Sorgen Sie, falls nötig, dafür, daß eine **Kinderbetreuung** sichergestellt ist und jeder über das Betreuungsangebot Bescheid weiß.

- Sprechen Sie beim ersten Treffen über **Offenheit** und den freien Platz. Klären Sie die Frage, ob die Gruppe prinzipiell offen sein will für neue Teilnehmer. Zumindest in der Anfangsphase sollte eine Gruppe neue Teilnehmer aufnehmen. Aber es ist immer wichtig, den Blick dafür zu schärfen, daß es vielleicht nebenan Menschen gibt, für die diese Gruppe gerade das Richtige sein könnte.

- **Nach dem ersten Treffen** sollten Sie sich noch einmal mit jedem Teilnehmer in Verbindung setzen. Sagen Sie einfach, daß Sie sich gefreut haben, daß er/sie dabei war.

Wie löst sich eine Gruppe harmonisch auf?

Keine Gruppe besteht ewig. Hier ist eine Reihe von Gründen, warum Gruppen sich wieder auflösen:

- **Die vereinbarte Zeit ist um**. Dies ist ein idealer Grund, eine Gruppe aufzulösen, vor allem dann, wenn in der Gruppenvereinbarung eine genaue Zeitspanne vorgesehen war.

- Der **Zweck ist erfüllt**. Bei Gruppen, die sich eine bestimmte Aufgabe zum Ziel gesetzt haben, ist eine Auflösung sinnvoll, wenn die Arbeit getan ist. In Gruppen, in denen es um Beziehungen geht, ist die „Arbeit" wohl selten abgeschlossen.

- Die Gruppe hat massive **Konflikte**, die sich nicht lösen lassen. Das ist zwar nicht ideal, aber es kommt vor. Wenn Konflikte auftreten, geschieht dies meist am Anfang.

- Man hat **keine „Spielregeln" vereinbart**. Das Fehlen von Regeln, unregelmäßige Teilnahme und unverbindliches Verhalten von einzelnen läßt die Gruppe so auseinanderdriften, daß alle der Meinung sind, daß es keinen Sinn mehr hat, weiterzumachen.

- **Man entscheidet bewußt, die Gruppe zu beenden**. Dafür gibt es viele Gründe: Terminprobleme, der Wegzug von Mitgliedern, der Wunsch, etwas Neues auszuprobieren oder die Gruppe neu zu strukturieren, können zum Anlaß werden, eine Gruppe aufzulösen.

- **Die Leitung der Gruppe ist unzureichend** oder nicht auf die Interessen der Gruppe abgestimmt. Auch einem Gruppenleiter kann manches über den Kopf wachsen. Aufgaben-, bedürfnis- und inhaltsorientierte Gruppen reagieren sensibel auf Schwächen in der Leitung. Gruppen, in denen es mehr um Beziehungen und persönliches Wachstum geht, sind zwar auch anfällig für Fehler in der Leitung, sie verkraften diese in der Regel aber besser.

- Die **Gruppe teilt sich** und bildet zwei neue Gruppen. In manchen Gemeinden werden Gruppen geteilt, wenn sie eine bestimmte Mitgliederzahl erreichen.

- **Schlechte Organisation**. Schwierigkeiten mit Terminen, Räumlichkeiten, Häufigkeit und Dauer der Gruppentreffen veranlassen Mitglieder, nicht mehr zu erscheinen. Solche Probleme lassen sich sehr leicht vermeiden.

- **Die Gruppenmitglieder passen nicht zueinander.** Manchmal kommen Gruppenmitglieder nur schwer miteinander aus – aus welchen Gründen auch immer kommt es immer wieder zu Spannungen. Das kann mit Konflikten in der Persönlichkeit der Teilnehmer zusammenhängen oder damit, daß der Alters- und Erfahrungsunterschied einfach zu groß ist.

Sorgen Sie für einen guten Ausklang

Eine Gruppe aufzulösen oder eine neue Gruppenvereinbarung zu erarbeiten, erfordert Fingerspitzengefühl. Nicht nur der Start einer Gruppe braucht Sorgfalt, sondern auch ihre Auflösung. Die entstandenen Freundschaften sind für manche zu ihren wichtigsten Beziehungen geworden.

In der Abschlußphase einer Gruppe ist der Leiter – wie am Anfang – besonders gefordert.

- **Sorgen Sie dafür, daß die Gruppe darauf vorbereitet ist**, daß man sich zum letzten Mal trifft. Der Gruppenleiter sollte bereits einige Wochen vorher immer wieder einmal darauf hinweisen, daß die vereinbarte Zeit bald um ist.

- **Seien Sie in der Gestaltung des letzten Treffens flexibel**. Denken Sie nicht, Sie müßten der regulären „Tagesordnung" folgen. Das Wichtigste, das Sie tun können, ist, dafür zu sorgen, daß jeder Teilnehmer mit größtmöglicher Zufriedenheit, Zuversicht und Vertrauen seinen Weg weiter geht. Lassen Sie der Gruppe Zeit für eine positive Einschätzung ihrer gemeinsamen Erfahrung.

- **Sorgen Sie für einen schönen Ausklang**. Beim letzten Treffen ist eine positive, humorvolle Atmosphäre besonders wichtig. Geben Sie Gelegenheit für einen ehrlichen Rückblick. Um zu vermeiden, daß das letzte Treffen in Trauer- oder Fruststimmung steckenbleibt, hier einige Ideen: Machen Sie eine Runde, in der jeder seinem Nachbarn (oder sonst jemandem im Kreis) etwas Positives sagt. Oder reihum erzählt jeder, in welcher Beziehung die Gruppe für ihn eine Hilfe war. Jeder sollte Gelegenheit haben, auszudrücken, was die Gruppe für ihn bedeutet hat.

- **Planen Sie für die Zukunft** eine gemeinsame Unternehmung, an der alle teilnehmen, vielleicht ein Wiedersehenstreffen nach einem Monat. Weisen Sie darauf hin, daß Freundschaften nicht zu enden brauchen und daß man auch in Zukunft hin und wieder etwas gemeinsam unternehmen kann. Informieren Sie über Möglichkeiten, sich anderen Gruppen anzuschließen oder neue Gruppen ins Leben zu rufen.

- Wenn Sie bisher gemeinsam gebetet haben, nehmen Sie sich beim letzten Treffen dafür besonders viel Zeit. Geben Sie Gelegenheit, mitzuteilen, was jedem im Blick auf die Zukunft besonders bewegt, so daß man weiterhin füreinander beten kann. Die Beziehungen, die in der gemeinsamen Zeit gewachsen sind, können noch einmal einen Ausdruck finden, indem diese letzte **Gebetsgemeinschaft** etwas Besonderes wird.

Wie sieht Ihr Kleingruppen-Programm aus?

Benutzen Sie diese Seite für die Programmplanung in Ihrer Gruppe für das nächste Jahr. Welche Schwerpunkte und Aktionen wollen Sie durchführen? Wann soll das geschehen? Welche Vorbereitung ist dafür nötig? Planen Sie frühzeitig!

Januar	Februar	März
April	**Mai**	**Juni**
Juli	**August**	**September**
Oktober	**November**	**Dezember**

Wo findet der Gruppenleiter Hilfe und Unterstützung?

Als Leiter einer Gruppe haben Sie besondere Bedürfnisse. Ihre Arbeit soll nicht isoliert geschehen, sondern in den Rahmen anderer Aktivitäten in Ihrer Gemeinde eingeordnet und von der Gemeinde getragen sein. Dazu gehört auch, daß Ihre Gemeinde Ihnen Hilfen anbietet, die es Ihnen ermöglichen, Ihre Aufgaben gut wahrzunehmen.

1. *Tragen Sie in den Kasten unten ein, welche Art von Unterstützung Sie für Ihre Arbeit brauchen und wie dies in Ihrer Gemeinde z. Zt. verwirklicht wird. Vielleicht müssen Sie auch deutlich auf einen Bedarf hinweisen, der zur Zeit noch nicht gedeckt ist.*

Ich brauche:	Ich wünsche mir:	Ich erhalte:

2. *Je nach der Situation der Kleingruppen in einer Gemeinde kann es sinnvoll sein, den Kleingruppen-Koordinator regelmäßig über das Geschehen in Ihrer Gruppe zu informieren. Eine solche Kurzinformation könnte z.B. Angaben zu folgenden Punkten enthalten:*

Bezeichnung der Gruppe:__________________________ Datum:__________

Leiter/in:____

Stellvertreter/in:____

Gastgeber/in:____

Namen der Mitglieder	**Adresse**	**Telefon-nummer**	**Bemer-kungen***

(* B = Besucher, W = Wiederholer, N = Neu im Glauben, M = Gemeindemitglied).

- Wann trifft sich die Gruppe?
- Welche besondere Aufgabe nimmt die Gruppe wahr?
- Ist die Gruppe darauf angelegt, sich zu multiplizieren?
- Was wurde unternommen, um mit möglichen neuen Mitgliedern in Kontakt zu kommen?
- Die bisherige Erfahrung mit der Gruppe
  Bewerten Sie mit den Ziffern 1 bis 10. (1 = miserabel; 10 = sagenhaft) und stichwortartig Gründe für diese Bewertung:

  1 2 3 4 5 6 7 8 9 10

  Gründe zur Dankbarkeit

  Anlaß zur Sorge

  Wünsche oder Vorhaben für die Zukunft?

  Wird Unterstützung benötigt?
  Auf welchem Gebiet/bei welchem Problem?

Vertiefung und Wiederholung zu Lektion 6

Bibelstudium

„Da ging Jesus auf seine Jünger zu und sprach: ‚Ich habe von Gott alle Macht im Himmel und auf der Erde erhalten. Geht hinaus in die ganze Welt und ruft alle Menschen in meine Nachfolge! Tauft sie und führt sie hinein in die Gemeinschaft mit dem Vater, dem Sohn und dem Heiligen Geist. Lehrt sie, so zu leben, wie ich es euch aufgetragen habe. Ihr dürft sicher sein: Ich bin immer und überall bei euch, bis an das Ende dieser Welt!' " (Matthäus 28,18-20)

1. *Was bedeutet die Aussage Jesu, daß er „alle Macht im Himmel und auf der Erde erhalten" hat, für Sie als zukünftigen Gruppenleiter vor dem ersten Treffen Ihrer Gruppe?*

2. *Was bedeutet es für Sie, wenn Jesus sagt: „Ich bin immer und überall bei euch"?*

Vertiefung

Stellen Sie sich auf ein Treffen mit Ihrem Pfarrer oder Mitarbeiterteam vor dem Start Ihrer Gruppe ein. Um darauf vorbereitet zu sein, beantworten Sie bitte die folgenden Fragen.

1. *Wie fühlen Sie sich kurz vor dem Start Ihrer Gruppe?*
   - ❑ ehrlich gesagt, miserabel
   - ❑ hab' so meine Zweifel
   - ❑ einigermaßen vorbereitet
   - ❑ total motiviert
   - ❑ irgendwo zwischen ________________ und ________________
   - ❑ ____

2. *Waren Sie schon einmal in einer Gruppe, die sich dann aufgelöst hat? Was geschah damals?*

3. *Haben Sie den Eindruck, daß Sie genug gelernt haben, um mit einer Gruppe beginnen zu können? Gibt es noch etwas im Blick auf die Leitung einer Gruppe, das Sie wissen möchten?*

4. *Haben Sie ein gutes Gefühl in Bezug auf die Unterstützung, die Sie als Gruppenleiter erhalten werden? Welche konkreten Wünsche haben Sie hier? Wie lassen sich diese verwirklichen?*

Vorbereitung für den Start einer Gruppe

1. *Was sind Ihre Ziele für Ihre Gruppe? Wieviele Personen möchten Sie darin haben?*
   Wie verstehen Sie den „missionarischen" Ansatz Ihrer Gruppe?
   Was können Sie tun, um Menschen zu erreichen, die keinen Kontakt zu Glauben und Gemeinde haben?

2. *In welcher Weise, glauben Sie, wird die Gruppe das Leben ihrer Mitglieder bereichern?*

3. *Wen könnten Sie sich noch in Ihrer Gruppe vorstellen? Welche Schritte können Sie unternehmen, ihn/sie in die Gruppe zu integrieren?*

4. *An welchem Abend in der Woche würden Sie gern die Gruppentreffen durchführen?*
   Wo werden Sie sich treffen?
   Was haben Sie für das erste Treffen vor?

5. *Welche Themen oder Anliegen würden Sie gern in Ihrer Gruppe verstärkt behandeln?*

6. *Benutzen Sie die folgende Checkliste, und beginnen Sie damit, Ihr erstes Treffen zu planen.*

Planungsschema für ein Gruppentreffen

Dieses Planungsschema hilft Ihnen bei der Planung Ihrer ersten Treffen. Er kann Ihnen ein wenig das Lampenfieber nehmen – Sie haben für viele entscheidende Punkte schon gesorgt, wenn Sie alle genannten Punkte berücksichtigt haben.

- **Menschen:** Wer nimmt teil? Warum kommen die Leute? Welche speziellen Bedürfnisse haben sie?

- **Organisation:** Welche Vorbereitungen sind erforderlich? Was muß organisiert werden bezüglich der Räumlichkeiten, Sitzplätze, Erfrischungen, Kinderbetreuung, Arbeitsmaterial etc.? Wer ist für was verantwortlich?

- **Beziehungen:** Wie können Sie den Teilnehmern das Gefühl geben, daß man sich um sie kümmert, und sie dazu anregen, sich ihrerseits um die anderen zu bemühen? Wie wollen Sie mit dazu beitragen, daß sich zwischen den Teilnehmern positive Beziehungen entwickeln? (auflockernder Einstieg zum Auftauen, Vorstellung der Teilnehmer in der Gruppe, persönliche Gesprächsebene etc.)

- **Zeit**: Wieviel Zeit steht zur Verfügung, und wie wollen Sie sie aufteilen? Haben Sie einen Zeitplan für Ihre Treffen? Wann ist der „offizielle" Beginn und wann der Schluß? Wie leiten Sie zu den verschiedenen Programmteilen über? Haben Sie sich zuviel vorgenommen? Oder zu wenig? Haben Sie einige Aufgaben an andere Teilnehmer verteilt?

- **Inhalte/Aufgabe:** Welche Schritte werden Sie unternehmen, um die gestellte Aufgabe zu erfüllen oder das Gespräch zum Thema abzuschließen? Notieren Sie die voraussichtlichen Schritte im Gesprächsverlauf und schätzen Sie jeweils die Zeit dafür ein.

- **Gebet:** Wird es in dieser Gruppe möglich sein, gemeinsam zu beten? Wie wollen Sie das Gespräch über diese Frage einleiten?